사사기

여호와께서 다스리시리라

사사기 : 여호와께서 다스리시리라

2024년 2월 26일 초판 1쇄

지은이   강화구
펴낸이   김명일
디자인   정보람

펴낸곳   깃드는 숲
주소   부산시 북구 구포만세길 155-1 2층
이메일   hoop1225@gmail.com

ISBN   979-11-984413-1-7
값   7,000원

* 잘못된 책은 구입하신 곳에서 교환해 드립니다.

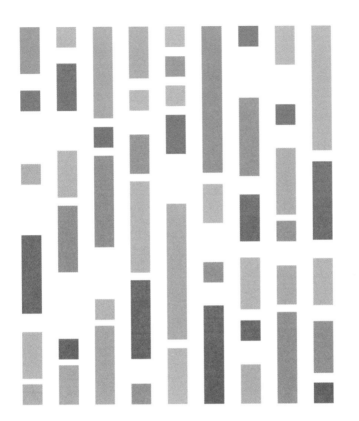

성경공부 시리즈

강화구 지음

사사기

여호와께서 다스리시리라

Judges

깃드는숲

사사기는 여호수아(가나안 정복 전쟁) 이후 가나안 정착 무렵부터 왕
정 시대로 이어지는 기간을 포함한 내용으로 구성되어 있습니다. 사사기
속 유명한 인물들의 삶은 인기 있는 이야기 소재가 되어왔지만, 몇몇 인
물의 활약상을 제외한 나머지 기록 내용은 큰 관심을 받지 못했습니다.
더러 기드온이나 삼손 같은 인물의 영웅담쯤으로 왜곡해 이해하는 경우
도 있습니다.

사사기는 사람의 본성을 적나라하게 드러냅니다. 오늘 같으면 뉴스의
헤드라인을 장식할 만한 여러 사건 사고로 가득 차 있는 이 책은 어두운
내면을 재조명하는 데 꼭 필요합니다. 사사기 내러티브가 과거에 있었던
박제된 사건에 머물지 않고 오늘의 삶에도 신앙에 관한 진정한 해답을 주

기 때문입니다.

1. 사사들의 내러티브

사사기는 "사사에 관한 기록"이라는 뜻으로, 사사들이 중심인물로 등장합니다. 사사는 무슨 일을 하는 사람들일까요?

먼저 사사의 임무는 2장 16-19절에 나옵니다(여호와께서 사사들을 세우사 노략자의 손에서 그들을 구원하게 하셨으나 삿 2:16). 본문에서 사사는 주로 군사적인 임무를 감당합니다. 또한 가르치는 일을 맡았는데, 사사기 4장 4, 5절은 드보라의 활동을 서술하며 재판관 역할을 했음을 보여줍니다(이스라엘 자손은 그에게 나아가 재판을 받더라. 삿 4:5). 사사는 군사적 임무와 사법적 임무를 감당하며 이스라엘을 "구원"하는 역할을 했습니다.

사사기의 저자는 정확히 알려지지 않습니다. 전통적으로 사무엘(삼상 10:25)이 추정되지만 확실하진 않습니다. 사사기 1장 21절, 29절, 3장 3절을 보면 좀 더 이른 시기에 기록됐을 가능성도 있습니다.

2. 사사기를 쓴 목적

첫째, 사사기 전체를 이끄는 근본 주제는 약속의 땅입니다. 하나님께서 족장들과 이스라엘 백성에게 약속하셨던 땅을 상속받는 이야기로, '과연 이스라엘은 약속의 땅을 상속받을 것인가?', '그 땅에서 살아가는 삶의 원리는 무엇인가?' 등의 질문에 대답합니다.

여호와의 사자가 길갈에서부터 보김으로 올라와 말하되 내가 너희를 애굽에서 올라오게 하여 내가 너희의 **조상들**에게 **맹세한 땅**으로 들어가게 하였으며 또 내가 이르기를 내가 너희와 함께 한 **언약**을 영원히 어기지 아니하리니. **삿2:1**

둘째, 땅의 약속과 관련해 이스라엘의 불순종과 배교 문제가 발생하는데, 어떻게 그들이 불순종하게 되는지, 정작 없애야 할 가나안 문화를 어떻게 따르며 동화되어 가는지 보여줍니다.

내가 또 말하기를 내가 그들을 너희 앞에서 쫓아내지 아니하리니 그들이 너희 옆구리에 가시가 될 것이며 그들의 신들이 너희에게 **올무**가 되리라 하였노라. **삿 2:3**

여호와께서 이스라엘에게 진노하여 이르시되 이 백성이 내가 그들의 조상들에게 명령한 언약을 **어기고** 나의 목소리를 **순종하지 아니하였은즉** 나도 여호수아가 죽을 때에 남겨 둔 이방 민족들을 다시는 그들 앞에서 하나도 쫓아내지 아니하리니. **삿 2:20-21**

셋째, 하나님의 신실하심을 보여 줍니다. 계속되는 이스라엘의 불순종과 배교에도 불구하고 하나님은 이스라엘을 포기하지 않고 구원하시며 당신의 신실하심을 나타내십니다. 그분은 언약에 신실한 하나님이십니다. 이스라엘의 구원과 회복은 하나님의 긍휼과 신실하심에 있습니다.

여호와께서 그들을 위하여 사사들을 세우실 때에는 그 사사와 함께 하셨고 그 사사가 사는 날 동안에는 여호와께서 그들을 대적의 손에서 구원하셨으니 이는 그들이 대적에게 압박과 괴롭게 함을 받아 슬피 부르짖으므로 여호와께서 **뜻을 돌이키셨음**이거늘 삿 2:18

하나님께서 주도적으로 이스라엘의 부르짖음에 응답하시고 구원자 사사를 세워 백성을 구원하십니다. **삿 2:16-18**

넷째, 이스라엘의 참된 왕이 누구인지 말씀합니다. 반복해서 사사기는 "이스라엘에 왕이 없었다"고 기술하며 왕의 다스림에 대해 긍정적입니다. 이스라엘의 타락은 왕이 없었음에 기인한 것으로 그들의 영원하시고 참되신 왕, 참된 사사는 오직 하나님 한 분이십니다.

그 때에 이스라엘에 **왕**이 없으므로 사람이 각기 자기의 소견에 옳은 대로 행하였더라. **삿 21:25**

기드온과 입다는 여호와 하나님만이 이스라엘의 참 하나님이라고 선언합니다.

기드온이 그들에게 이르되 내가 너희를 다스리지 아니하겠고 나의 아들도 너희를 다스리지 아니할 것이요 **여호와**께서 너희를 **다스리시리라** 하니라. **삿 8:23**

3. 사사기 구조

사사기에서 문학적으로 뚜렷한 특징과 구조를 발견할 수 있습니다. 사사기는 단순히 여러 단편으로 짜깁기된 것이 아닙니다. 사사기는 하나의 완성된 목적을 가지고 전체를 읽을 수 있습니다.

사사기 전체는 이스라엘의 가나안 정복 전쟁이 이스라엘 지파 공동체의 전쟁으로 변질되는 과정을 그립니다. 사사들의 이야기가 단순히 반복되는 것 같지만, 반복될 때마다 더 왜곡되고 악화됩니다. 이를 '나선형 하강 구조'라고 말할 수 있습니다. 이 구조에 따라 사사기는 이스라엘과 하나님 사이의 질문과 대답으로 시작하고 마칩니다(수미쌍관구조). 이스라엘 백성이 먼저 가나안 사람과 전투를 두고 하나님께 질문했다면(삿1:1-2), 나중에는 베냐민 지파와 싸움을 두고 하나님께 질문합니다(삿20:18).

> 이스라엘 : 우리 중에 누가 먼저 올라가서 가나안 족속과 싸우리이까?(1:1)
> 여호와 : 유다가 올라갈지니라(1:2)

> 이스라엘: 우리 중에 누가 먼저 올라가서 베냐민 자손과 싸우리이까?(20:18)
> 여호와: 유다가 먼저 갈지니라(20:18)

이런 구조적인 틀 안에 서로 대칭을 이루는 두 개의 서론과 두 개의 결론부를 형성합니다.

특별히 마지막 이중 결론은 사사기의 주요한 주제인 왕권을 강조합니다(삿17:6; 18:1; 19:1; 21:25). 사사 시대의 도덕적, 종교적 타락은 모두가 이스라엘에 왕이 없었기에 사람들이 자기 눈에 좋은 대로만 행했다고 평가합니다. 이런 관점을 가지고 사사기의 중심에 있는 사사들의 이야기를 보아야 합니다.

이스라엘의 첫 번째 사사 옷니엘은 가장 간략하게 기록되어 있지만, 완전한 사사 모델입니다. 그렇지만, 마지막 사사 삼손은 가장 많은 분량을 차지하고 있지만, 가장 사사답지 못하며, 그 시대의 전형적인 인물상을 대표합니다. 그는 오직 자기 눈에 좋은 대로만 행하는 사람이기 때문입니다. 결국 사사들의 이야기도 뚜렷하게 하강 구조입니다. 그리고 사사들의 이야기 중심에 있는 기드온과 아비멜렉 이야기는 누가 이스라엘의 참 사사인지 보여 줍니다. 이스라엘의 참 왕, 사사기에 드러난 모든 문제를 해결하실 참 왕은 오직 여호와 하나님이십니다. 이를 염두에 두면 사사 이야기는 다음과 같은 구조를 가집니다.

완전 모델 - **옷니엘**

고독한 영웅 - **에훗**

사회적 약자, 여인의 구원 - **드보라**

여호와가 왕이시다 - **기드온**

내가 왕이다 - **아비멜렉**

사회적 소외 계층의 구원 - **입다**

고독한 영웅 - **삼손**

적용 질문

1. 하나님은 신실한 분이십니다. 이스라엘 조상들에게 약속하신 땅을 이제 이스라엘 백성의 소유로 허락하십니다. 하나님께서 우리에게, 우리가 속한 공동체에 약속하신 말씀에는 어떤 것이 있습니까? 그 약속은 나에게 어떤 의미가 있을까요? 함께 나누어 봅시다.

2. 이스라엘은 하나님께 순종하지 않을뿐더러 이방신을 섬기기까지 합니다. 이러한 불순종으로 그들은 이방인에게 억압과 괴로움을 당하게 됩니다. 우리는 하나님께 불순종하는 모습이 없습니까? 내가 불순종하는 것에는 어떤 것들이 있을까요?

3. 이스라엘의 불순종에도 하나님은 여전히 신실하셨습니다. 그분의 신실하심은 이스라엘을 어려움과 고통으로부터 구원하시고 회복하셨습니다. 우리는 언제 하나님의 신실하심을 경험합니까? 그 신실하심을 얼마만큼 의지합니까?

4. 사람들은 이스라엘에 왕이 없어 스스로가 옳다고 여기는 대로 행했습니다. 그러나 사사기는 참된 왕은 오직 하나님 한 분임을 선언합니다. 우리에게 왕은 누구입니까? 우리는 왕의 다스림 아래 있습니까? 최근 하나님의 왕 되심을 인정한 경험에 대해 나눠 보세요.

여호수아가 죽은 후에

사사기 역사적 서론

사사기 1장 1절은 "여호수아가 죽은 후에 이스라엘 자손이 여호와께 여쭈어"라고 시작합니다. 모세와 다르게 여호수아는 후계자를 남기지 않았습니다. "여호수아가 죽은 후에"는 새로운 도전이 시작되었음을 알립니다. 그러나 본질은 바뀌지 않았습니다. 이스라엘의 성공과 실패는 인간 지도자에게 달려 있지 않기 때문입니다. 사사기는 이스라엘의 첫 정복 전쟁을 이야기하면서 왜 실패했는지를 보여줍니다.

여호수아는 다음과 같이 유언을 남깁니다.

> 너희의 하나님 여호와 그가 너희 앞에서 그들을 쫓아내사 너희 목전에서 그들을 떠나게 하시리니 너희 하나님 여호와께서 너희에게 말씀하신 대로 너희가 그 땅

을 차지할 것이라 그러므로 너희는 크게 힘써 모세의 율법 책에 기록된 것을 다 지켜 행하라 그것을 떠나 우로나 좌로나 치우치지 말라 너희 중에 남아 있는 이 민족들 중에 들어 가지 말라 그들의 신들의 이름을 부르지 말라 그것들을 가리켜 맹세하지 말라 또 그것을 섬겨서 그것들에게 절하지 말라 오직 너희의 하나님 여호와께 가까이 하기를 오늘까지 행한 것 같이 하라 … 너희 중 한 사람이 천 명을 쫓으리니 이는 너희의 하나님 여호와 그가 너희에게 말씀하신 것 같이 너희를 위하여 싸우심이라 그러므로 스스로 조심하여 너희의 하나님 여호와를 사랑하라.

수 23:5-11

여호와 하나님께서는 이스라엘 백성이 다른 어떤 것이 아니라 여호와 하나님만을 사랑하고 다른 신들을 섬기지 않기를 원하십니다. 이스라엘의 성공과 실패에 대한 여호수아의 유언은 사사기에서 매우 중요한 주제가 됩니다.

1. 여호수아가 죽은 후에 1:1-2

이스라엘 백성은 이제 지도자가 없습니다. 그들이 가장 먼저 해야 할 일은 하나님께 묻는 것입니다(이스라엘 자손이 여호와께 여쭈어 이르되 우리 가운데 누가 먼저 올라가서 가나안 족속과 싸우리이까. 삿 1:1). 하나님은 이스라엘의 물음에 대해 대답하시고 약속하십니다(유다가 올라갈지니라 보라 내가 이 땅을 그의 손에 넘겨 주었노라 하시니라. 삿 1:2). 사도 요한은 다음과 같이 말합니다.

그를 향하여 우리가 가진 바 담대함이 이것이니 그의 뜻대로 무엇을 구하면 들으심이라 우리가 무엇이든지 구하는 바를 들으시는 줄을 안즉 우리가 그에게 구한

그것을 얻은 줄을 또한 아느니라. **요일 5:14-15**

우리가 하나님의 뜻을 알기를 구하고 또한 그분의 뜻대로 구하면 들으시고 응답하십니다. 이제 이스라엘은 유다 지파가 올라가라는 응답을 듣습니다.

2. 유다 지파의 전쟁 1:3-21

유다 지파는 전쟁을 위해서 시므온 지파와 협력합니다. 시므온은 유다의 형제입니다. 하나님의 약속을 받은 상황에서 시므온의 협력을 구하는 것이 이상합니다. 시므온이 함께 한다고 해서 전쟁에 승리하는 것은 아니기 때문입니다. 시므온은 민수기에 나타난 두 번의 인구 조사에서 현저하게 인구가 줄어서 정복 전쟁을 독자적으로 치르는 데 부담이 있었을 것입니다.

A 전망 : 유다 승리의 약속		2절
B 유다-시므온 동맹		3절
	X¹ 올라가서	4-8절
	X 유다의 성공적인 정복	
	X² 내려가서	9-16절
B' 유다-시므온 동맹		17절
A' 회고 : 여호와께서 유다와 함께 하심		19a절
C' 부록: 유다와 베냐민의 부분적인 실패		19b-21절

2.1. 올라가서 1:4-8

유다는 올라가서 베섹에서 만 명을 죽이고, 아도니 베섹(뜻. 베섹의 주)을 잡아 엄지손가락과 엄지발가락을 자릅니다. 그 이유는 아도니 베섹이 많은 왕의 엄지손가락과 엄지발가락을 잘랐기 때문입니다. 하나님께서 아도니 베섹이 행한 대로 갚으셨습니다. 그는 예루살렘으로 끌려가 거기에서 죽습니다.

2.2. 내려가서 1:9-15

유다 지파는 내려가서 예루살렘, 헤브론, 드빌을 정복합니다. 헤브론은 예루살렘에서 남쪽으로 약 55km, 드빌은 헤브론에서 남쪽으로 약 10km 떨어진 곳입니다. 여기에서 갈렙 이야기가 다시 등장합니다. 드빌의 정복 이야기에서 중심인물은 갈렙의 딸 악사입니다. 드빌의 정복에서 갈렙은 "기럇 세벨을 쳐서 그것을 점령하는 자에게는 내 딸 악사를 아내로 주리라"고 약속합니다. 옷니엘이 드빌을 점령해서 악사를 아내로 맞이합니다. 악사는 나귀를 타고 있다고 본문은 설명합니다. 악사는 아버지 갈렙에게 남쪽의 샘물들을 달라고 요청합니다. 갈렙은 악사에게 윗샘과 아랫샘을 줍니다. 그녀는 단순한 여성이 아니라 주도적으로 자신의 목소리를 내고 있습니다. 여성의 지위 변화는 공동체의 건강함을 결정하는 지표가 됩니다(삿19:28-29; 21:12-14, 21-23).

2.3. 유다와 베냐민의 실패

그런데 유다 지파는 가나안 땅 정복에서 산지 주민들을 쫓아내었지만 골짜기 거민들을 쫓아내지 않았습니다. 그들에게 철병거가 있었기 때문입니다. 한글 성경은 "골짜기의 주민들은 철병거가 있으므로 그들을 쫓아내지 못하였으며"라고 번역합니다. 유다 지파는 그들을 쫓아내야 했지만, 의지를 가지고 쫓아내려는 노력을 기울이지 않았습니다. 하나님께서 함께하심과 쫓아내지 못함은 묘한 대조를 이룹니다. 하나님의 약속 앞에서 그분을 신뢰하지 못하고 보이는 상황에 무릎을 꿇는 모습을 보입니다.

3. 북부 지파들의 정복 1:22-36

북부 지파의 정복은 실패가 더 두드러집니다. 사사기는 가장 강했고 주목받는 요셉 지파가 벧엘을 점령하는 장면을 전합니다. 가나안 주민과 언약을 맺는 것은 금지되었습니다(그 때에 너는 그들을 진멸할 것이라 그들과 어떤 언약도 하지 말 것이요 그들을 불쌍히 여기지도 말 것이며 신 7:2). 그런데도 이스라엘 백성은 벧엘 사람들을 놓아줍니다. 그들은 헷 사람의 땅으로 가서 성읍을 건축합니다. 그곳의 이름이 루스입니다.

북부 지파의 정복은 부정적인 측면을 드러내는 이야기입니다. 하나님께서 함께하신다는 표현은 더 이상 나타나지 않습니다. 북부 지파의 정복에서 반복해서 등장하는 내용은 "가나안 족속을 쫓아내지 못했다"는 것입니다(27, 28, 30, 31, 32, 33절).

4. 여호와의 사자가 보김에 나타나다 2:1-5

사사기 1장은 하나님께서 약속하신 언약의 땅을 온전히 상속받지 못하는 모습을 보여줍니다. 이것은 불신앙과 타협의 결과입니다. 여호와의 사자가 보김으로 올라와서 이스라엘의 불신앙을 책망합니다. 그 "사자"는 여호와의 말씀을 전합니다.

"여호와의 사자"는 이스라엘을 보호하고, 하나님께서 예비한 곳에 이르게 합니다. 이스라엘 백성은 여호와의 사자를 청종해야 합니다. 그 목소리를 청종할 때 하나님은 이스라엘의 원수들을 물리치실 것입니다(출 23:20-23). 사사기 2장 앞부분에서 여호와의 사자는 길갈에서 보김으로 옵니다. 길갈은 이스라엘 백성들이 진을 치고 유월절을 지킨 곳입니다(수 5:10-12). 특별히 여호와의 성막이 있었던 곳입니다. 하나님께서 이제 이스라엘을 찾아오신 것입니다.

이스라엘을 찾아온 여호와의 사자는 다음과 같이 말합니다.

> "내가 너희를 애굽에서 올라오게 하여 내가 너희의 조상들에게 맹세한 땅으로 들어가게 하였으며 또 내가 이르기를 내가 너희와 함께 한 언약을 영원히 어기지 아니하리니" **삿 2:1**

하나님은 이스라엘 백성에게 약속하신 것을 분명히 지키시는 분이십니다. 그런데 이스라엘 백성은 하나님의 명령을 어겼습니다. 이 땅의 주민과 언약을 맺지 말고 그들의 제단을 허물라고 명령하셨지만 이스라엘은 하나님의 목소리를 듣지 않았습니다(2:2). 그 결과, 하나님은 그들을 쫓아내지 않으실 것입니다. 그들은 이스라엘 백성 옆구리에 가시가 되고, 그들의 신들은 이스라엘에게 올무가 될 것입니다(2:3). 이스라엘 백성은 이에 대해 소리를 높여 울지만(2:4), 참된 회개라고 볼 수 없습니다.

사사기에서 온 이스라엘의 눈물(통곡)은 세 번에 걸쳐 나타납니다. 20장 26절에서 이스라엘은 베냐민과 전쟁에 패한 이후 통곡하며 울었습니다. 21장 2-3절에서는 베냐민을 철저하게 도륙한 후 더 이상 울 힘이 없을 정도로 통곡했습니다. 여기에서도 마찬가지입니다. 이스라엘 백성의 울음과 제사는 온전한 것이라고 하기 어렵습니다. 회개는 변화를 동반하는 것이기 때문입니다.

질문

1. 하나님께서는 당신의 약속에 신실하십니다. 그분은 이스라엘에게 땅을 약속하셨습니다. 그리고 그 땅을 허락하십니다. 갈렙과 같이 하나님께 헌신된 사람은 그 땅을 실제로 상속했습니다. 우리는 어떻습니까? 신실하신 하나님의 약속을 믿고 신뢰하며 헌신하는 자세를 가지고 있습니까?

2. 오늘 살펴본 사사기 첫 번째 이야기는 많은 사람들이 온전한 순종에 이르지 못해서 땅을 상속받지 못했다고 선언합니다. 이스라엘의 이러한 모습이 나에게는 없을까요? 유다 지파처럼 철병거를 핑계로 쫓아내지 않은 죄악들은 무엇일까요?

3. 이스라엘 백성은 가나안의 강력한 무기와 군사력을 무서워한 것이 아니라, 하나님을 온전히 신뢰하지 못했습니다. 그것이 이스라엘 백성이 가지는 문제의 심각성입니다. 하나님을 온전히 신뢰하는 것이 우리에게 필요합니다. 혹시 우리는 50% 순종, 80% 사랑을 하고 있지는 않습니까?

여호와의 목전에 악을 행하여
사사기 신학적 서론

지난 과에서 이스라엘이 하나님의 언약을 지키지 못해 범죄 했고, 그 결과 하나님께서 약속하신 땅을 얻지 못했음을 생각해 보았습니다. 오늘 본문은 서론의 두 번째 부분으로 신학적인 관점에서 이스라엘의 실패의 원인과 결과를 조명합니다. 이스라엘의 불신앙, 심판, 구원이라는 사사기의 패턴을 하나님의 관점에서 서술합니다.

1. 시대의 전환 2:6-10

오늘 본문의 시작은 역사적 서론, 사사기 1장 1절과 밀접하게 연결됩니다. 또한 여호수아서를 반복해서 발전시키기도 합니다. 여호수아서와 비교해보도록 합시다(수 24:28-31).

	수 24:28-31	삿 2:6-10
비슷한 점	28절 백성을 보내어 각기 기업으로 돌아가게 하였더라	6절 전에 여호수아가 백성을 보내매 이스라엘 자손이 각기 그들의 기업으로 가서 땅을 차지하였고
	29절 이 일 후에 여호와의 종 눈의 아들 여호수아가 백십 세에 죽으매	8절 여호와의 종 눈의 아들 여호수아가 백십 세에 죽으매
	31절 이스라엘이 여호수아가 사는 날 동안과 여호수아 뒤에 생존한 장로들 곧 여호와께서 이스라엘을 위하여 행하신 모든 일을 아는 자들이 사는 날 동안 여호와를 섬겼더라	7절 백성이 여호수아가 사는 날 동안과 여호수아 뒤에 생존한 장로들 곧 여호와께서 이스라엘을 위하여 행하신 모든 큰 일을 본 자들이 사는 날 동안에 여호와를 섬겼더라
다른 점		10절 그 세대의 사람도 다 그 조상들에게로 돌아갔고 그 후에 일어난 다른 세대는 여호와를 알지 못하며 여호와께서 이스라엘을 위하여 행하신 일도 알지 못하였더라

오늘 본문과 여호수아서 마지막 부분과 다른 점은 하나님의 크고 놀라운 일들이 다음 세대로 넘어가지 못했다는 사실입니다. 하나님의 위대한 일을 가르쳐 다음 세대까지 믿음을 전수하는 것은 그리스도인, 가정, 그리고 교회의 본질적인 사명입니다.

2. 사사기의 중요한 패턴 2:11-23

사사기는 중요하게 반복되는 패턴이 나타납니다. 이 패턴은 우리가 사사기를 어떻게 읽어야 할지 전략을 알려줍니다. 사사기 기자는 오늘 본문의 신학적 메시지를 따라서 사사기 전체를 읽도록 안내합니다.

2.1. 범죄 11-13절

이스라엘이 여호와 하나님 앞에서 행하는 죄악의 본질이 드러납니다. 11절에서 사사기 기자는 이스라엘이 악을 행하였다고 말합니다. (이스라엘 자손이 여호와의 목전에 악을 행하여 바알들을 섬기며 삿 2:11) 그 악의 본질은 "바알들"을 섬기는 것입니다. 11-13절의 문학적 구조는 다음과 같습니다.

이스라엘이 여호와의 목전에서 악을 행함 (11절)

    바알을 섬기고

        여호와를 버렸다 (▶ 애굽 땅에서 그들을 인도하신 조상들의 하나님 여호와)

        다른 신들을 섬겼다 (▶그들 주위에 있는 백성들의 신들)

            여호와를 진노하게 하였다

    여호와를 버리고 (13절)

        바알과 아스다롯을 섬겼다.

이 구조에서 알 수 있듯이 사사기 범죄의 본질은 바로 한 분이신 여호와 하나님을 버리고, 다른 신들을 섬기는 것이라고 분명하게 말합니다. 그들은 왜 여러 가나안 신들을 섬겼을까요?

2.1.1. 바알과 아스다롯

바알은 "주인"을 의미합니다. 고대 가나안 만신전에서 가장 주도적인 신입니다. 성경 외에 일반 역사 자료에서도 자주 등장합니다. 주로 지상에 풍요를 가져다주는 신으로, 폭풍과 불, 그리고 물을 주관하는 신입니다(왕상 18장). 오늘 본문은 "바알들"이라고 표현합니다. 바알은 다양한 형태로 토착화되며 변형되었기 때문입니다. 더 큰 문제는 이스라엘이 바알 신앙과 여호와 신앙을 혼합해 버린 데 있습니다(바알 브올, 바알 브릿 등. 삿 8:33; 9:4, 46 등).

아스다롯은 풍요의 여신이며 어머니 신입니다. 아스다롯은 가나안 만신전에서 전쟁과 다산을 상징합니다. 주로 바알과 함께 등장하고, 대부분 나무로 된 형태입니다. 한국적인 개념으로 이해하면 어쩌면 마을 앞에 세워졌던 부부 장승과 같은 기능을 한 것 같습니다.

2.2. 심판 14-15절

사사기의 중요한 다음 패턴은 하나님의 심판입니다. 범죄한 백성들은 하나님의 심판을 받습니다. 14-15절에서 사사기 기자는 하나님의 진노와 심판을 강조하며 말합니다.

> 여호와께서 이스라엘에게 진노하사 노략하는 자의 손에 넘겨 주사 그들이 노략을 당하게 하시며 또 주위에 있는 모든 대적의 손에 팔아 넘기시매 그들이 다시는 대적을 당하지 못하였으며 그들이 어디로 가든지 여호와의 손이 그들에게 재앙을 내리시니 곧 여호와께서 말씀하신 것과 같고 여호와께서 그들에게 맹세하신

것과 같아서 그들의 괴로움이 심하였더라. **삿 2:14-15**

이 구절에서 사사기 기자는 "여호와께서 말씀하신 것과 같고" "여호와께서 맹세하신 것과 같아서"라고 반복하면서 강조하고 있습니다. 이스라엘이 "가나안화"가 된 핵심 문제는 그들이 들어간 땅에서 풍요를 추구하는 것이었습니다. 하나님을 떠나서 물질적인 풍요만을 좇아 이방신을 섬긴 이스라엘이 맞이하는 결과는 그들이 기대했던 것과는 정반대입니다. 그들은 여호와 하나님의 말씀대로 괴로움이 심해졌습니다.

2.3. 구원 16-19절

하나님께서는 이스라엘을 괴로움에 내버려두지 않으십니다. 여호와 하나님은 이스라엘을 구원하시는 하나님이십니다. 16절과 18절에서 하나님은 "사사들을 세우십니다." 사사는 하나님의 구원의 도구입니다. 이들의 중요한 사명은 이스라엘을 구원하는 역할입니다(여호와께서 사사들을 세우사 노략자의 손에서 그들을 구원하게 하셨으나 삿 2:16).

하나님께서는 사사들을 보내셔서 이스라엘을 구원하시지만, 그들의 구원은 영구적이지 않습니다. 이스라엘의 문제는 또다시 범죄하고 우상을 숭배하고 하나님을 저버리는 것이었습니다.

그들이 그 사사들에게도 순종하지 아니하고 오히려 다른 신들을 따라가 음행하며 그들에게 절하고 여호와의 명령을 순종하던 그들의 조상들이 행하던 길에서 속히 치우쳐 떠나서 그와 같이 행하지 아니하였더라. **삿 2:17**

사사들이 그들을 구원했음에도 순종하지 않고 속히 조상들이 걸었던 길을 떠나버렸습니다. 이스라엘 백성들이 하나님을 떠나면 다시 대적들이 이스라엘 백성을 괴롭게 합니다. 그 심판 가운데 이스라엘은 하나님께 부르짖고(그들이 대적에게 압박과 괴롭게 함을 받아 슬피 부르짖으므로 삿 2:18) 여호와 하나님께서는 그 소리를 들으시고 뜻을 돌이키셔서 다시 사사를 보내십니다(여호와께서 뜻을 돌이키셨음이거늘 삿 2:19).

3. 사사기의 신학적 결론 2:20-3:6

20절은 14절을 그대로 반복합니다(여호와께서 이스라엘에게 진노하여 이르시되 삿 2:20). 가나안 족속들을 남겨두신 하나님의 뜻이 있습니다. 그것은 이스라엘 백성들이 하나님께서 "그들의 조상들에게 명령한 언약을 어기고 나의 목소리를 순종하지 아니하였기"(20절) 때문입니다. 또한 이스라엘 백성들이 "여호와의 도를 지켜 행하나 아니하나 그들을 시험하려 함"(20절)입니다.

하나님은 이스라엘 정복 전쟁을 한 세대뿐만 아니라 전쟁을 알지 못하는 백성들에게도 이방 민족들을 남겨 두십니다(3:2). 가나안 족속들은 이스라엘 백성을 향한 하나님의 훈련 도구이며 시험 도구입니다. 이스라엘은 하나님의 시험을 잘 극복했을까요? 그들은 실패했습니다.

> 남겨 두신 이 이방 민족들로 이스라엘을 시험하사 여호와께서 모세를 통하여 그들의 조상들에게 이르신 명령들을 순종하는지 알고자 하셨더라 그러므로 이스라엘 자손은 가나안 족속과 헷 족속과 아모리 족속과 브리스 족속과 히위 족속과 여

부스 족속 가운데에 거주하면서 그들의 딸들을 맞아 아내로 삼으며 자기 딸들을 그들의 아들들에게 주고 또 그들의 신들을 섬겼더라. **삿 3:4-6**

이스라엘 백성들은 약속의 땅에서 가나안 족속들을 쫓아내지 않고 그들과 더불어 살기 시작했습니다. 그리고 그들과 결혼하기 시작합니다. 그뿐 아니라 그들의 신들을 섬깁니다. 사사기의 어두운 시대가 시작될 것을 예상할 수 있습니다.

질문

1. 사사기와 여호수아를 비교하면서 알 수 있는 가장 중요한 특징 중 하나는 신앙을 다음 세대에 가르치는 일입니다. 오늘 우리는 혹시 사사기와 같은 상황에 있지 않습니까? 다음 세대는 다른 세대가 되어버린 것은 아닐까요? 어떻게 하면 하나님께 신실한 백성으로 자녀들을 가르칠 수 있을까요?

2. 사사기는 패턴이 있습니다. 그 패턴은 사사기 전체를 걸쳐 반복합니다. 첫 번째 패턴은 무엇일까요? 이스라엘 백성은 왜 하나님을 버리고 다른 신을 섬기는 어리석은 선택을 했을까요? 가장 중요한 범죄는 하나님을 버리고 다른 신들을 섬기는 것입니다. 우리는 하나님보다 더 중요한 것을 바라는 삶을 살고 있지는 않은가요?

3. 물질적인 풍요를 위해서 다른 신들을 선택했지만, 이스라엘은 오히려 괴로움에 빠졌습니다. 하나님 없는 삶은 우리에게 어떤 의미가 있을까요? 하나님의 징계를 경험한 경험이 있습니까? 그 징계는 우리에게 무엇을 가르쳤습니까?

4. 괴로움을 당한 이스라엘 백성을 하나님은 구원하십니다. 그 구원의 도구가 사사입니다. 하나님께서 우리의 삶을 돌보시며 지키신다는 믿음이 있습니까? 최근에 하나님의 도우심을 경험한 적이 있습니까? 나누어봅시다.

옷니엘, 에훗, 삼갈

이스라엘 백성은 약속의 땅에서 안식을 누리지 못했습니다. 이스라엘 자신의 방식을 추구한 결과입니다. 한 세대가 지나가기도 전에 실패의 결과가 나타났습니다. 그러나 그 실패 가운데서 하나님의 긍휼하심과 그분의 일하심은 더욱 빛납니다.

1. 이상적인 사사 옷니엘 3:7-11

앞 과에서 생각한 사사기 패턴이 이 본문에서 다시 등장합니다. 옷니엘 이야기는 보통 이야기가 보여주는 대화, 사건, 장면, 등장인물의 성격 등으로 이야기를 설명하지 않습니다. 이야기의 역할로는 충분하지 않은 것처럼 보이지만 사사기의 패턴이 완벽하게 등장합니다.

첫 번째 패턴은 "이스라엘의 범죄"였습니다. 사사기 기자는 다음과 같이 말합니다.

> "이스라엘 자손이 여호와의 목전에 악을 행하여 자기들의 하나님 여호와를 잊어 버리고 바알들과 아세라들을 섬긴지라" **삿 3:7**

그 결과 이스라엘은 하나님의 징벌을 받습니다.

> 여호와께서 이스라엘에게 진노하사 그들을 메소보다미아 왕 구산 리사다임의 손에 파셨으므로 이스라엘 자손이 구산 리사다임을 팔 년 동안 섬겼더니. **삿 3:8**

하나님께서는 이스라엘 백성에게 "진노하셨고" 그들을 구산 리사다임에게 "파셨습니다." 한글 성경은 메소보다미아라고 번역하고 있지만, 구산 리사다임은 아마도 에돔의 왕이었던 것 같습니다(합 3:7). "구산 리사다임"은 "두배나 악한 구산"이라는 의미입니다. 이스라엘 백성들은 여호와 하나님을 버리고 바알과 아세라를 섬겼습니다. 그 범죄의 결과로 그들은 구산 리사다임에게 팔려 그를 8년 동안 섬길 수밖에 없었습니다.

구산 리사다임을 섬기던 이스라엘 백성들은 하나님께 부르짖습니다. 부르짖음은 사사기 패턴에서 가장 중요한 특징입니다. 부르짖음은 하나님 앞에서 자신의 연약함을 깨닫고 하나님을 의뢰하는 것입니다. 이 부르짖음은 역전을 위한 최선의 출발점입니다. 나의 연약함과 하나님의 능력은 같은 지점에 있습니다. 강함을 자랑할 때 오히려 연약함을 인정해야 합니다.

바울은 이렇게 말합니다. "그러므로 내가 그리스도를 위하여 약한 것들과 능욕과 궁핍과 박해와 곤고를 기뻐하노니 이는 내가 약한 그 때에 강함이라"(고후 12:10-11).

이스라엘이 부르짖자 하나님은 사사를 세우십니다. 사사기의 다음 패턴입니다.

이스라엘 백성은 구산 리사다임에게 팔렸습니다(8절)

여호와께서 한 구원자, 옷니엘을 세우십니다(9절)

구산 리사다임은 옷니엘에 손에 넘겨졌습니다(10절)

중심은 9절입니다. 이 단락의 중요한 강조점입니다. 10절은 옷니엘에게 여호와의 영이 임하셨다고 구원자로서 중요한 점을 지적합니다.

이스라엘 백성은 안식을 원했습니다. 그러나 이스라엘은 하나님의 방식을 따르지 않고 이방 족속과 공존하는 길을 선택했습니다. 그 결과 이스라엘은 더 악한 사람의 압제를 받게 됩니다. 이것은 그리스도인의 삶을 보여줍니다. 그리스도인의 삶은 전쟁터와 같습니다. 평안을 원해서 전쟁을 포기하면 오히려 더욱 더 힘든 경우를 만나게 될 것입니다. 세상에서 악의 문제에 정면으로 싸우려고 할 때 그리스도인들은 참된 정체성을 확립하고 샬롬의 길을 발견할 수 있을 것입니다.

2. 고독한 승리자, 에훗 3:12-20

첫 사사 옷니엘은 남쪽에서 사명을 감당했습니다. 에훗은 북쪽에서 부르심을 받았습니다. 에훗 이야기는 아이러니와 재미가 담겨있는 문학적인 특징을 보입니다.

다시 사사기의 새로운 패턴이 시작됩니다. 이스라엘은 범죄합니다(이스라엘 자손이 또 여호와의 목전에 악을 행하니라. 삿 3:12). 이스라엘은 "또" 하나님 앞에 악을 행했습니다. 하나님은 이스라엘의 범죄에 심판의 도구인 모압 왕 에글론을 강성하게 하십니다. 그는 암몬과 아말렉 자손들을 모아서 이스라엘을 쳐서 종려나무 성읍을 점령합니다(네겝과 종려나무의 성읍 여리고 골짜기 평지를 소알까지 보이시고 신 34:3). 이스라엘 백성들은 모압 왕 에글론을 18년 동안 섬깁니다.

이제 사사기의 다음 패턴이 등장합니다. 이스라엘 백성은 하나님께 부르짖고(15절), 여호와 하나님께서는 그들을 위해서 한 구원자를 세우십니다. 그는 베냐민 족속, 게라의 아들, 왼손잡이 에훗입니다. 베냐민이라는 이름의 뜻은 "오른손의 아들"입니다. 그런데, 이스라엘을 구원할 사사 에훗은 왼손잡이입니다. 여기에는 아이러니가 담겨있습니다. 왼손잡이는 오른손에 장애가 있다는 말로 읽을 수도 있지만, 잘 훈련된 용사라는 의미도 있습니다(삿 20:16). 또한 왼손잡이는 부정적인 뉘앙스도 전달합니다. 사사기 마지막(19-21장)에 등장하는 베냐민 지파의 왼손잡이 용사를 생각해 보십시오.

에훗 이야기에서 반복과 언어유희를 볼 수 있습니다. 에훗이 에글론에게 공물을 바치지만, 에글론이라는 이름의 뜻은 "젊은 황소"입니다. 그는 "매우 비둔"합니다. "비둔하다"는 말은 제물로 드리기에 합당하다는 의미도 가집니다. 에훗이 드리는 제물이 에글론이라는 사실을 암시적으로 보여줍니다. 에훗은 에글론에게 "아뢸 일이 있나이다"(20절)라고 말합니다. 에글론은 메시지로 이해했지만, 정작 에훗은 에글론에게 물건(칼)을 줍니다. 메시지를 말하는 히브리어 단어는 물건을 뜻하기도 합니다. 에훗의 구원을 보여주는 부분(26-29절)에서는 "도망하다"라는 단어를 반복해서 시작하고 마무리합니다. 모압 사람은 "모두 장사(비둔한 자)요 모두 용사"이지만(29절), 에글론에 이어서 에훗의 두 번째 제물이 되었습니다. 결국 이스라엘은 에훗의 지도로 구원을 받고, 80년간 평화를 누리게 되었습니다.

3. 아낫의 아들 삼갈 삿 3:31
사사기에는 여섯 명의 소사사가 등장합니다. 삼갈은 첫 번째로 등장합니다. 그는 아낫의 아들입니다. 그는 소모는 막대기로 이스라엘을 구원합니다. 하나님은 의외성의 하나님이십니다. 삼갈이 사용한 소모는 막대기는 성경에서 이 본문에만 등장합니다. 하나님은 우리가 예상하는 방식으로 일하시는 것만은 아닙니다. 예수님을 생각해봅시다. 그분은 자기 백성을 구원하기 위해서 세상의 위대한 왕이나 전쟁을 승리로 이끄는 장군으로 오시지 않으셨습니다. 그분은 낮은 곳으로 오셔서 십자가를 지심으로 우리의 구원의 성취하셨습니다.

질문

1. 고난과 괴로움에 처한 이스라엘 백성은 하나님께 부르짖습니다. 부르짖음은 하나님 앞에서 연약함을 깨닫고 하나님을 의뢰하는 것입니다. 우리는 자신의 연약함을 깨닫고 하나님 앞에 부르짖습니까? 부르짖음으로 하나님을 의뢰하고 있습니까? 부르짖음으로 하나님의 능력을 경험한 적이 있습니까? 나누어 봅시다.

2. 하나님은 사사라는 구원의 도구를 사용하십니다. 우리도 우리 자신의 능력과 힘으로 하나님의 일을 감당하지 않습니다. 하나님의 도우심이 있어야 합니다. 그 도움을 구하고 계십니까? 어떤 문제가 여러분을 힘들게 짓누르고 있습니까? 이 문제를 함께 나누고 하나님의 도움을 위해 같이 기도합시다.

3. 하나님은 우리가 예상하는 방식으로 일하시지 않을 때가 많습니다. 예수 그리스도의 십자가 사건은 누구에게나 놀라운 사건이었습니다. 구원의 방식으로 예상되었던 메시아의 승리와 구원이 아니었기 때문입니다. 하나님께서 우리 가운데 의외성으로 일하심을 경험을 가지고 있습니까?

여자 사사 드보라

오늘날 여성의 활동은 사회 전 분야에서 두드러집니다. 그러나 여성들에게 투표권이 주어진 것은 오래되지 않은 일입니다. 고대 사회에서 여성이 주도권을 잡는 일은 더 힘들었을 것입니다. 이런 점에서 사사 시대 여성들의 전성기를 보는 것은 특별합니다. 본문 흐름은 여성들이 좌우합니다. 사사기에서 여성의 역할을 살피는 것은 사사기 흐름을 이해하기 위해서 중요합니다.

사사기 4-5장은 한 가지 이야기가 두 가지 형태로 이야기됩니다. 이야기와 시가 들어있습니다. 여성이 주도하는 시대를 이끌어낸 사사 드보라는 사사 시대를 비꼬는 또 다른 형태의 아이러니요 심판의 이야기입니다. 영웅의 자리를 차지할 수 있었던 바락은 물러가고, 드보라, 야엘, 그리고 시스라의 어머니에 이르기까지 여성들이 무대의 중앙에 나서고 있습니다.

1. 드보라 이야기 4:1-24

사사기 패턴은 드보라 이야기에서도 다시 등장합니다. 에훗이 죽고나서 이스라엘 자손은 또 여호와 앞에서 악을 행했습니다(1절). 여호와 하나님께서 이스라엘 백성을 가나안 땅 야빈의 손에 파셨습니다(2절). 하나님께서 야빈 왕을 심판의 도구로 삼으셨습니다. 야빈 왕은 철병거를 900대나 가진 강력한 왕이었습니다. 그는 이스라엘 백성을 심히 학대했습니다(3절).

야빈 왕이 다스리는 하솔은 납달리 지역 안에 있었습니다. 메소보다미아 구산 리사다임, 모압 에글론을 고려하면, 이제 이스라엘을 박해하는 왕이 이스라엘이 정복한 땅 내부에서 일어났음을 알 수 있습니다. 야빈은 하솔의 왕이었지만, 스스로를 가나안 왕이라고 말함으로 이스라엘의 가나안 정복을 되돌리려는 의도를 보여줍니다. 이스라엘 정복의 실패가 내부에서 일어났다는 점에서 그 심각성이 큰 것을 알 수 있습니다. 야빈 왕의 외국 용병으로 보이는 시스라와 철병거를 통해 이스라엘을 크게 압제합니다.

이렇게 힘든 상황에서 이스라엘 백성은 여호와께 부르짖었습니다(4절). 이스라엘의 부르짖음에 하나님께서 드보라를 보내십니다. 드보라는 독자들이 전혀 기대하지 않았던 부르심입니다. 그녀는 랍비돗의 아내요 여선지자입니다. 드보라는 평범한 가정의 평범한 여인입니다. 그런데 이 여인이 어떻게 시스라와 철병거를 이길 수 있을까요?

드보라 이야기에서 드보라와 시스라는 대조됩니다. 그리고 드보라와 이스라엘 장군 바락도 대조됩니다. 바락은 드보라의 부름을 받고 왔습니다. 그런데 하나님의 신탁에 엉뚱한 반응을 보입니다. 하나님께서는 승리를 약속하시는데, 바락은 드보라의 동행만을 요청합니다. 아마도 바락은 드보라가 동행해야 하나님께서 함께하시리라 생각한 것 같습니다. 바락의 반응에 대해서 하나님은 두 번째 예언을 주십니다. 하나님은 여자인 드보라에게 예언을 주시고, 승리의 주인공이 여자가 될 것을 알리십니다.

전쟁에 앞서 11절은 겐 사람 헤벨이 누구인지 알려줍니다.

> 모세의 장인 호밥의 자손 중 겐 사람 헤벨이 자기 족속을 떠나 게데스에 가까운 사아난님 상수리나무 곁에 이르러 장막을 쳤더라. **삿 4:11**

겐 사람 헤벨은 모세의 장인과 관련이 있습니다. 17절에 등장하는 시스라를 죽인 여인, 야엘은 헤벨의 아내입니다. 이 구절은 두 번째 예언에 등장하는 여인이 누구인지를 알려주는 장치입니다. 헤벨과 야엘의 두 가지 정체성은 극적인 긴장감을 던져 줍니다. 나중에 이들의 집에 두 군대 장관이 방문하게 될 것입니다. 두 사람이 전쟁에서 승자가 아니라 야엘 만이 승자입니다. 사사기에서는 하나님의 도구라고 해서 영적 탁월함을 가졌다고 말할 수 없습니다. 야엘도 거짓과 잔임함으로 무장했습니다. 고대 근동의 손님을 접대하는 방식과도 다릅니다. 이스라엘 백성을 구원한 야엘은 심지어 이스라엘 백성도 아닙니다. 그렇지만 야엘은 하나님의 구원의 도구로 사용됩니다.

바락의 전투는 아주 단순하게 묘사됩니다. 이 전쟁은 하나님께서 주관하시는 전쟁이기 때문입니다(삿 5:4, 20-21). 땅이 진동하고, 하늘과 구름이 물을 내림으로 기손 강이 그들을 표류시켰습니다. 하나님께서 극적으로 개입하셔서 전투는 승리했지만, 바락은 승리의 공을 얻지 못합니다. 시스라는 철병거를 버렸습니다. 그러나 바락은 여전히 철병거를 뒤쫓습니다(16절). 하나님은 바락을 옷니엘과 같은 구원자가 될 것을 약속하셨지만, 바락은 입다처럼 하나님과 하나님의 선지자와 거래합니다(8절). 하나님을 자기 뜻대로 조작하려는 인간의 시도는 실패합니다(9절).

2. 드보라의 노래 5:1-31

이 시는 구약성경에서 가장 오래된 시들 중 하나입니다. 내러티브가 이야기 구조의 논리적 흐름을 따른다면, 시는 보다 비유적입니다. 그리고 감정에 호소합니다. 구조는 다음과 같습니다.

이야기 서론(1절)
찬양에 대한 요청과 필요성(2-8절)
찬양에 대한 요청과 즐거운 헌신(9-13절)
지파들에 대한 평가(14-18절)
전투(19-23절)
야엘과 시스라의 어머니(24-31a절)
이야기 결론(31b절)

이 노래는 특별히 하나님의 나타나심과 그분의 구원에 초점을 맞춥니다. 하나님은 이스라엘의 하나님이십니다. 하나님의 이름은 그분이 언약에 신실하심을 강조합니다. 하나님께서 주도적으로 전투에 임하셨습니다. 시스라의 철병거 900대는 거추장스러운 것이 됩니다.

이 시는 "이스라엘"을 말하다가 각 지파로 바꾸어 말합니다. 하나님의 구원에 대한 찬양이 각 지파에 대한 평가(14-18절)를 한가운데 두고 있습니다. 드보라 시대에서 이스라엘은 "온 이스라엘"에서 "지파 공동체" 개념으로 바뀌었음을 알 수 있습니다. 19절 이하에서 오직 하나님의 구원 역사만 언급할 뿐 이스라엘에 대해 언급하지 않습니다. 여호수아서에서 지키려고 했던 중요한 가치(수 1:12-28; 22장)가 사사기에서는 변하여 이스라엘 지파들은 형제들의 급박한 전투 현장에서 자기가 속한 지파가 아니면 모른척합니다. 자기 지파의 안녕만을 구하는 모습을 보여줍니다.

요단 동편에 있던 길르앗과 르우벤 지파는 남의 일 보듯 목동의 피리를 부르며 일상을 이어갔고, 단, 아셀 지파는 자기 해상 무역에만 치중하고 있었습니다. 이 전투가 북부 지역 지파들의 일이라는 점을 고려하더라도 유다와 시므온 지파의 이름이 언급조차 되지 않는다는 점은 시사하는 바가 큽니다. 심지어 메로스는 특별히 저주를 받는데, 이스라엘 도시이면서도 도와주기를 거절하고 아마도 가나안 왕 야빈을 오히려 가까이 한 것으로 보입니다. 지파 공동체가 무너지고 있음이 뚜렷하게 드러납니다.

시스라의 어머니가 부르짖는 내용에서 여성에 대한 이미지를 생각해

봅시다. 그 내용에서 처녀는 자궁이라는 뜻을 가진 단어를 사용하면서 여성을 인격체로 보지 않습니다. 사사기 말미에는 무너진 여성에 대한 이미지가 나타납니다. 여성은 단순한 성적 노리개 정도로 여겨졌습니다. 사사기 전체에서 여성에 대한 이미지 변화는 중요한 부분입니다. 드보라의 역할과 비교해서 이해해 보십시오. 이름 없는 한 가정의 아내로 살아가던 드보라와 잔혹한 살인의 형태를 띠고 있는 가나안 족속 야엘을 통해서 하나님은 당신의 구원과 이스라엘을 향하신 신실하심을 드러내십니다.

드보라는 시스라의 멸망을 노래하고 나서, 시스라가 하나님을 대적하는 사람의 전형적인 모습이 되게 해달라고 기도합니다. 이 기도는 동일하게 하나님 나라의 임함을 위해 기도하는 우리의 기도가 되어야 할 것입니다.

하이델베르크 요리문답 123문은 하나님 나라에 대해 말하면서, "마귀의 일과 자신을 높여 하나님을 대적하는 모든 힘을 파괴하며 하나님의 거룩한 말씀에 대항하는 악한 계교를 물리쳐 주십시오"라고 해석합니다. 이것은 우리와 이 세상의 종말론적 결론을 잘 알려주는 말입니다.

질문

1. 하나님은 평범한 여인인 드보라를 사용하셔서 이스라엘을 구원하십니다. 하나님의 승리는 외적인 조건이나 능력으로만 이루어지는 것은 아닙니다. 평범한 여인을 통해서 이스라엘을 구원하심으로 다른 이가 아닌 하나님의 영광이 드러납니다. 평범한 우리의 삶에서 하나님의 영광이 드러나려면 어떻게 해야 할까요?

2. 드보라의 노래를 보면, 드보라는 시스라의 멸망을 노래하고 나서 하나님의 나라를 위해서 기도합니다. 악을 행하는 시스라를 하나님께서 심판하시기를 기도합니다. 우리는 하나님이 왕 되시고 하나님의 나라가 온전히 우리 가운데 임하는 것을 위해서 어떻게 기도하고 있습니까? 우리가 기도해야 할 내용은 구체적으로 어떻게 바뀌어야 할까요?

기드온

가장 위대한 지도자로 잘 알려진 사사 기드온을 만납니다. 기드온 이야기는 사사기 한가운데 위치하면서 사사기 핵심에 있습니다. 사사기 전체 메시지를 전달하는 중요한 이야기입니다. 그 내용을 자세히 살펴보면 안타까운 마음이 생깁니다. 사사기는 기드온 이야기를 시작으로 부정적인 사사의 모습으로 바뀝니다. 끊임없이 범죄하는 이스라엘과 여전히 이스라엘에게 샬롬을 주시는 하나님, 참되고 유일한 사사이며 왕이신 하나님을 만나게 됩니다.

1. 이야기의 시작 6:1-10

이스라엘 백성들은 다시 범죄합니다. 하나님께서는 미디안을 심판의 도구로 사용해서 이스라엘을 심판하십니다. 이스라엘이 파종할 때가 되면 미디안은 아말렉과 동방 사람들까지 모아서 이스라엘로 올라와서 토지에서 난 산물을 다 없애버렸습니다. 그들은 자기 짐승까지 데려와서 메뚜기처럼 모든 것을 해치웁니다. 이스라엘은 집에 머무를 수 없어서 산속에서 토굴에 숨어야 할 지경에 이르렀습니다.

그때가 되어서야 이스라엘은 다시 하나님의 이름을 부릅니다. 하나님께서는 일반적으로 나타나던 패턴과는 다른 반응을 보이십니다. 부르짖음 — 구원이라는 패턴에 책망이 추가됩니다. 하나님과 이스라엘의 관계가 달라지고 있음을 보여줍니다. 이스라엘 백성들이 부르짖을 때 즉각적으로 사사들을 세우셔서 구원하셨던 것과 달리, 이름 없는 선지자를 보내셔서 이스라엘의 죄악을 지적하십니다. 선지자가 이스라엘에게 선포한 것은 애굽에서 구원받은 것을 기억하라는 내용입니다. 이 선지자는 세계 최고/최강 애굽 군대로부터 이스라엘을 구원하신 하나님을 말합니다. 이스라엘이 두려워하고 피하는 세상에 대한 선지자는 두려워 말고 담대히 맞설 것을 요구하십니다. 우리도 세상을 살아가는 가운데 하나님보다 현실적인 문제를 더 두려워할 때가 있습니다.

2. 하나님이 세우신 구원자 - 기드온 6:11-32
불순종을 경고하신 하나님은 기드온을 구원자로 부르십니다. 기드온을 부르시는 장면은 역설적입니다. 하나님께서 기드온을 "용사"라고 부르시지만, 정작 기드온은 포도주 틀에 들어가 미디안 사람들 몰래 밀을 타작합니다. 다 큰 어른이 낮은 포도주 틀에 들어가 밀을 까고 있는 모습은 누가 봐도 우스꽝스러운 모습입니다. "용사"와 어울리지 않습니다. 본문은 하나님께서 함께 하심이 먼저 나타납니다. 본문의 강조점입니다. 큰 용사가 되는 것은 기드온의 용맹이 아니라 하나님의 함께하심 때문입니다. 하나님께서 함께하시겠다고 약속하시지만, 정작 기드온은 하나님을 향해 불평을 쏟아냅니다. 미디안의 압제가 이스라엘의 불순종의 결과인데도, 기드온은 그 책임을 하나님께 돌립니다.

이러한 기드온의 태도는 영적으로 준비되어 있지 않음을 드러냅니다. 그렇지만 하나님의 사자는 또 다시 약속을 베푸십니다. "미디안 사람 치기를 한 사람 치듯"할 것입니다. 미디안은 "메뚜기 떼같이" 많았습니다(6:5). 그런데 하나님은 그들을 한 사람 치듯이 손쉽게 칠 것이라고 약속하십니다. 기드온은 겨우 300명의 군사를 이끌고 미디안의 135,000명 대군을 물리칠 것입니다. 숫자를 두려워하는 것이 아니라 하나님의 신실하심을 의지해야 한다는 것이 기드온 이야기의 핵심입니다(7:2, 7, 12; 8:10). 참된 승리는 철병거 유무가 아닙니다. 숫자의 많고 적음도 아닙니다.

하나님께서 거듭 약속하시지만, 기드온은 여전히 표적을 요구합니다. 17절에서 기드온은 "만일 내가 주께 은혜를 얻었사오면 나와 말씀하신 이가 주 되시는 표징을 내게 보이소서"(삿 6:17)라고 말합니다. 여기에서 기드온은 한글 성경 번역, "주"가 아니라 "당신"이라는 표현을 씁니다. 기드온은 하나님의 사자의 정체를 정확히 이해하지 못한 것 같습니다. 실제로 22절에서 하나님의 사자를 만났을 때 그가 보인 두려움과 절망을 본다면, 기드온은 하나님의 사자를 정확히 파악하지 못했음을 알 수 있습니다. 기드온은 영적으로 준비되지 못했음이 분명합니다.

기드온이 영적으로 연약하지만 하나님께서는 그에게 첫 사명을 주십니다. 아버지 요아스 집에서 바알과 아세라 신상과 제단을 허물고 그것으로 번제를 드리도록 명령하십니다. 11절에서 하나님의 사자가 요아스에게 속한 오브라에 이르렀다고 할 때, 아버지는 상당한 권력을 가진 사람이었음을 짐작할 수 있습니다. 25절은 바알과 아세라의 제단이 기드온의 아버지에게 속했다고 말합니다. 이 내용은 상당히 충격적입니다. 기드온의 집이 중심이 되어 정치, 종교에서 중요한 역할을 감당했으며, 함께 우상숭배를 하고 있었다는 사실을 알 수 있기 때문입니다. 첫 사명을 받은 기드온은 두려운 마음으로 온전히 순종하지 못합니다. 두려움으로 대낮에 하지 못하고 한밤중에 몰래 합니다. 즉각적으로 순종하지 못하고 있습니다. 기드온의 소심함이 두드러지는 장면입니다.

기드온은 처음 부르심을 받았을 때, 하나님의 사자로부터 표적을 받았습니다. 이미 말씀이 주어졌고 표적도 경험했지만, 기드온은 여전히 두려워합니다. 하나님을 의지하는 법을 배우기보다 더 많은 군사를 모으는 길을 선택합니다(6:34-35). 그렇게 군사를 모으고도 하나님을 신뢰하지 못하고 또다시 표적을 요구합니다. 6장 34절은 이미 하나님의 영이 임했다고 말합니다. 더 이상 무엇이 필요합니까! 기드온은 불신앙으로 표적을 요구합니다. 양털에 이슬이 머금는 첫 번째 표적은 이치에 맞습니다. 그러나 들에만 이슬이 있게 해달라는 두 번째 표적은 더 어려운 표적을 요구하는 신앙이 없는 요구라고 할 수 있습니다. 확신을 위해서 표적이 필요한데, 기드온은 표적조차도 잘못 사용합니다.

기드온의 모든 요청을 들어주신 후, 하나님은 드디어 주도권을 가지십니다. 기드온에게 전쟁터로 나가라고 명령하십니다(7:2). 그런데 하나님의 명령은 매우 특이합니다. 미디안 군대는 바닷가 모래처럼, 메뚜기 떼처럼 많기 때문에 전쟁을 하기 위해서 당연히 군사를 최대한 모아야 합니다. 기드온이 기본적으로 전제하고 있는 내용입니다. 하나님은 군사들이 32,000명이나 모인 것을 보시고 숫자를 줄이라고 명령하십니다. 문제는 하나님의 영광입니다. 많은 숫자로 적들을 이긴다면, 그것은 누구의 영광일까요?

먼저 두려워하는 사람 22,000명을 돌려보냈습니다. 그다음에는 겨우 300명의 군사만을 남겨두었습니다. 300명으로 135,000명을 물리치려면 얼마나 위대한 용사들일까 하는 생각을 할 수 있겠지만, 기드온 이야기는 용사를 뽑는 내용이 아니라 하나님께서 전쟁을 주관하신다는 사실을 고백하게 하도록 하기 위함입니다. 300명의 군사는 최정예 군사가 아니라 하나님의 위대하심을 확증하는 숫자입니다.

숫자를 줄이자 기드온은 마음이 급해졌고 두려움에 휩싸였던 것 같습니다. 하나님께서 이러한 기드온을 위해서 또 다른 표적을 허락하십니다 (7:9-14). 기드온은 밤중에 미디안 진영으로 내려가서 군사들이 하는 말을 듣습니다. 우연히 들은 꿈 해몽에서 하나님의 뜻을 확인할 수 있었습니다. 그러나 아이러니하게도 하나님의 확증에 대해서 두려워했으면서, 미디안 병사의 꿈 해몽에 즉각적으로 확신하는 것은 정말 이상합니다.

미디안 군사가 외쳤던 "기드온의 칼"은 기드온 이야기의 어두운 면을 암시합니다. 이후에 기드온은 전쟁에 앞서 "기드온의 칼"을 말합니다 (7:20). 하나님께서 300명의 군사를 뽑으신 것은 "기드온의 칼"이 아니라 하나님의 능력이라는 것을 나타내려고 하신 의도가 있습니다. 정작 기드온은 미디안 군사들의 입술에서 듣게 된 "기드온의 칼"에 영감을 얻어 하나님의 전쟁을 자기 전쟁으로 바꾸려는 의도를 드러냅니다. 이 전쟁은 군사의 수나 무기의 우수함에 있지 않습니다. 하나님께서 이스라엘 백성들에게 무기로 허락하신 것은 횃불이나 빈 항아리입니다. 전쟁 무기로는 적합하지 않습니다. 전쟁은 오직 하나님께 속한 것이기 때문입니다.

3. 하나님의 구원 vs 기드온의 구원

하나님의 전쟁은 성공적이었습니다. 놀랍게도 미디안 군사 135,000명을 물리치는데 300명 군사면 충분했습니다. 그런데 전쟁을 치르면서 기드온의 성격은 급격히 바뀌었습니다. 300명의 군사가 성공적으로 전쟁을 치렀지만, 기드온은 그 이후 여러 지파에게 연락해서 하나님께서 돌려보내셨던 군사들을 다시 소집합니다(7:23). 이 지파 중에는 전쟁에 참여하지 않다가 승리가 눈앞에 보이자 불쑥 참여한 에브라임 지파도 눈에 띕니다. 전쟁은 전혀 다른 방향으로 흘러갑니다.

에브라임 지파는 지파 간의 갈등을 일으켰고, 많은 군사들이 전쟁터로 몰려드는 것으로 기드온 이야기에 가장 중요한 원리는 자취를 감추었습니다. 전쟁은 하나님께 속한 것이고 군사의 많고 적음에 달린 것이 아닌데, 결국 하나님의 위대한 손이 아니라 기드온의 칼만 부각되고 말았습니다. 이런 점에서 8장 4절부터 나오는 두 번째 전쟁 이야기는 기드온 이야기의 어두운 면을 고스란히 드러냅니다. 앞에서 강조되던 "하나님의 행하심", 즉 하나님의 구원은 기드온의 구원으로 대체되고 말았습니다. 백성들은 결국 기드온에게 구원의 공을 돌리고 말았습니다(8:22).

기드온도 달라졌습니다. 숙곳과 브누엘 사람들을 다루는 그의 모습은 마치 왕과 같습니다. 8장 5절에서 기드온의 모습은 독재자와 같습니다. "나를 따르는 백성"이라고 이스라엘 백성을 언급하는데, 정확히 "내 발아래 있는 백성"이라는 의미입니다. 세바와 살문나를 만난 그는 자기 가족들에 대한 복수 이야기를 끄집어냅니다. 기드온의 집요한 추격전은 어쩌면 하나님의 전쟁이 아니라, 자기 가족에 대한 개인적인 원한 때문임을 드러냅니다. 기드온의 전쟁에 대한 다른 해석이 가능해집니다. 하나님의 전쟁은 없어졌고, 용사 기드온만 등장합니다. 8장 22-32절 이야기 결론도 하나님의 행하심에 대한 찬양이라기보다는 기드온 가문이 일으키는 이야기로 끝납니다.

지금까지 사사기 패턴과 다른 심각한 왜곡이 일어납니다. 지금까지는 사사들이 죽은 이후에 이스라엘이 다시 범죄하지만, 기드온 이야기는 그가 살아 있는 동안 오브라에서 바알 브릿을 섬기는 것으로 끝납니다. 하나님에 대한 신앙이 토착화되어 가나안화되고 있음을 느낄 수 있습니다. 세겜 여인을 이방인으로 본다면, 기드온은 처음으로 이방 여인을 첩으로 삼는 사람이 됩니다. 이것은 명백하게 3장 6절에서 경고하는 이방 결혼의 예입니다.

아비멜렉 이야기는 기드온 이야기가 가져온 필연적인 결과입니다. 기드온 이야기에서 이스라엘 왕에 대한 이야기가 언급됩니다. 이것이 사사기의 중심을 이룹니다. 기드온이 여호와께서 왕이시라는 고백을 했다면, 아비멜렉은 아버지 기드온의 어두운 면을 이어받아 하나님이 아닌 자신을 왕이라고 지칭하게 됩니다. 이제 이스라엘의 죄악에 대한 하나님의 징계는 외부가 아니라 내부, 즉 사사 자신에게서 말미암습니다.

이스라엘은 다시 타락해서 바알 브릿을 섬깁니다. 가나안 종교를 대표하는 바알과 언약을 뜻하는 브릿이 연결된 단어입니다. 9장 28절에서 아비멜렉을 섬길 바에는 차라리 세겜의 아버지 하몰의 후손을 섬길 것이라고 주장하는 내용이 나옵니다. 이것은 창세기 34장을 기억나게 합니다.

세겜은 여호수아가 이스라엘을 다 모으고 언약을 갱신한 장소입니다. 여호수아 24장에서 세겜 상수리나무 아래에서 하나님과 언약을 갱신했는데, 아비멜렉 이야기는 의도적으로 세겜 상수리나무 아래에서 하나님이 아닌 아비멜렉을 이스라엘 왕으로 세우는 모습을 묘사합니다. 이스라엘은 성실과 의로움(수 24:14)으로 하나님을 섬기기로 결단했지만, 이제 성실과 의로움을 버리고 있습니다(삿 9:19). 결국 본문은 아비멜렉이 왕이 되는 장면을 하나님과 맺은 세겜 언약을 파괴하는 것으로 간주합니다.

질문

1. 기드온 이야기가 보여 주는 특징이 있습니다. 다른 사사기 패턴과 다른 방식이 등장합니다. 부르짖음-구원이라는 패턴에 책망이 추가됩니다. 하나님께서는 선지자를 보내셔서 이스라엘의 죄악을 지적하십니다. 이스라엘은 애굽에서 구원받은 사실을 기억해야 합니다. 지난 시간 동안 하나님께서 우리에게 행하신 일을 돌아봅시다. 지금 어려운 상황에서 나는 지금까지 역사하신 하나님을 신뢰하고 있습니까? 신뢰하지 못한다면 그 이유는 무엇입니까?

2. 기드온은 말씀이 주어지고 표적도 경험했지만, 여전히 두려워합니다. 하나님을 의지하기보다 더 많은 군사를 모으려고 합니다. 많은 군사를 모으고 나서도 하나님을 신뢰하지 못하고 다시 표적을 구합니다. 우리가 하나님을 더욱 신뢰하기 위해서는 어떻게 해야 할까요? 하나님을 의지하는 법은 무엇이 있을까요?

3. 기드온 이야기에서 왕의 이야기가 언급됩니다. 기드온은 여호와 하나님이 왕이라고 고백했지만, 아비멜렉은 자신을 왕으로 지칭합니다. 이스라엘의 죄악은 왕이 되려고 하는 자기 내면에서 시작됩니다. 우리는 하나님을 왕으로 삼고 살아가고 있습니까? 어떤 면에서 그렇게 말할 수 있습니까?

입다와 소사사들

이스라엘은 하나님의 구원을 경험하지만 계속해서 타락의 길로 접어듭니다. 영적 나태와 안일로 타락은 그 깊이를 더해 갑니다. 반복되는 이스라엘의 범죄는 하나님과 관계에 있어서 중대한 변화를 불러옵니다. 그 가운데 입다가 있습니다. 입다 이야기를 중심으로 소사사 이야기가 있습니다. 짧은 이야기이지만, 사사 시대 후반부에 전통적인 사사에 대한 다른 이해를 제시합니다.

1. 소사사들 삿 10:1-5

사사기 10장 1-5절을 읽어봅시다.

소사사 이야기는 사사기 패턴을 따르지 않습니다. 하나님께서 사사로 부르셨다거나 적의 압제로부터 구원했다는 말도 나타나지 않습니다. 대신 그들은 권력을 누리고 이스라엘을 다스립니다. 사사 개념의 변질이 일어났습니다.

첫 번째 등장하는 사사는 돌라입니다. 돌라는 스스로 일어나서 이스라엘을 구원했다고만 표현합니다. 이스라엘 백성을 누구에게서 구원했는지 언급되지 않고 아비멜렉의 뒤를 이었다고 말합니다(10:1). 일반적으로 하나님께서 사사를 세우시는데, 돌라 이야기는 그가 일어났다고만 표현합니다. 또한 그의 가계가 강조됩니다. 족보가 중요한 의미를 전달하는 것도 전반적인 사사기 흐름에서 벗어나는 일입니다. 그는 23년을 사사로 사밀에 거주하다가 거기에서 죽어 장사되었습니다.

두 번째 사사는 야일입니다. 야일 역시 자신이 일어났습니다. 그는 22년 동안 이스라엘 사사가 되었습니다. 그가 이스라엘 백성을 어떻게 구원했는지, 백성들은 평안했는지에 대해 아무런 정보를 제공하지 않습니다. 대신 그에게는 아들 30명이 있고, 어린 나귀 30을 탔고, 30 성읍을 가졌다고 말합니다. 자신뿐만 아니라 자녀들 모두에게 권력을 나눠주었다는 뜻입니다. 그가 거주하는 곳은 사람들이 "하봇 야일," 즉 야일의 동네라는 이름으로 불렸습니다. 지역에서 권력을 세습하며 대대로 부요하게 살았으며, 장사 되었습니다. 더 이상 백성들은 평안을 누렸는지 언급하지 않습니다. 그는 사사로 있었지만, 자신의 권력과 부를 유지하는 데 관심이 있었고 더 이상 이스라엘 백성에게 평안을 주는 존재가 아니었습니다.

2. 사사 입다 10:6-12:7

백성들에게 평안을 주지 못하는 사사들 이야기는 입다 이야기로 이어집니다. 입다 이야기가 중심을 잡고 있습니다. 입다는 말로 흥하고 말로 망하는 인물입니다. 입다 이야기는 전체적으로 그의 대화를 중심으로 이야기가 전개됩니다. 아래 패턴은 입다 이야기와 그의 대화와 관련이 있다는 것을 잘 드러냅니다.

이스라엘의 타락과 고통 (10:6-16)	대화 (10:10-16)
암몬의 위협 (10:17-11:11)	대화 (11:5-11)
입다와 암몬의 협상 (11:12-28)	대화 (11:12-28)
암몬과의 전투 (11:29-40)	대화 (11:34-38)
에브라임과의 전투 (12:1-7)	대화 (12:1-4)

입다 이야기에서 사사기 패턴이 중요하게 변화됩니다. 이스라엘은 주변 나라에서 들어온 온갖 신들을 섬기면서 여호와를 버립니다. 6절에는 7가지 신을 언급하는데 저자는 7이라는 완전수를 사용해서 그들이 온전히 하나님을 떠나 온갖 잡신들을 섬겼음을 강조합니다. 이에 대해 하나님께서도 진노하셔서 여러 족속들(블레셋과 암몬)에게 이스라엘을 동시에 팔아넘기십니다.

백성들이 고난 가운데 부르짖었을 때 여호와 하나님은 뜻밖의 말씀을 하십니다. 패턴이 파괴되고 있습니다. 기드온의 경우 하나님께서 경고를 하신 이후 기드온을 세우셨다면, 입다의 경우 하나님께서 구원하시기를 거절하셨습니다. 사사기 패턴은 적극적 구원이었습니다. 그런데 기드온 이야기에서 경고 후 구원하십니다. 입다 이야기에서는 거절하십니다. 하나님의 반응에 놀란 이스라엘은 이방 신들을 제하여 버리고 여호와만을 섬기며 다시 구원을 간구합니다. 하나님은 이제야 백성들의 곤고함 때문에 참지 못하십니다. 하나님의 근심은 단순히 마음을 돌이키는 것이 아닙니다. 근심의 이유는 "그들의 곤고" 때문입니다.

사사기 패턴에 따르면 당연히 하나님께서 구원자를 세우시는 내용이 나와야 하지만, 다른 이야기가 전개됩니다. 그들은 하나님의 구원을 기도하였으나, 정작 하나님의 응답을 기다리지 못하고 스스로 구원자를 찾아 나섭니다. 18절은 "서로 이르되" 누가 나가서 암몬 자손과 싸움을 시작할 것인가라고 질문합니다. 하나님 앞에서 회개하고 돌이켰지만, 곧장 일어나서 하나님의 행하심을 기다리지 못하는 어리석음을 보입니다. 이것이 입다가 무대에 등장하는 배경입니다. 독자들은 과연 하나님께서 입다를 사사로 세우신 것인지 상당한 의문을 가집니다.

입다는 큰 용사였지만, 첩의 아들이기 때문에 미움을 받아 쫓겨났습니다. 돕 땅에서 잡류들과 함께 지냈다고 소개합니다. 그들의 대장 노릇하고 있었습니다. 길르앗 장로들은 암몬과의 싸움을 이끄는 사람이 자기들의 머리가 될 것이라고 합니다(10:18). 길르앗 장로들은 암몬 자손이 침입하고 나서야 입다를 찾아 나섭니다. 자신들이 쫓아냈던 입다를 다시 찾는 길르앗 장로들의 마음이 불편했을 것입니다. 그들은 입다와 불편한 관계 때문에 입다에게 처음 말했던 "머리"를 제안하지 않습니다. 그들은 입다를

"우리의 장관"이 될 것이라고 약속합니다(11:6).

협상가 입다는 길르앗의 형편을 잘 파악하고, 선뜻 대응하지 않습니다. 동포의 어려움을 이용해서 자신이 원하는 것을 얻어내고자 하는 이기적 동기로 첫 협상을 수포로 만들자 길르앗 장로들은 비로소 입다에게 "머리"를 제안합니다(11:8). 자신이 "머리"가 될 것을 보장받고서야 제안을 수락합니다(10:18; 11:6, 9). 이상한 점은 자기가 얻을 유익을 따라서 협상하면서, 그들의 입술에는 항상 "여호와"의 이름이 있습니다(9, 10, 11절). 그들은 하나님의 이름을 자기 자신을 위해 이용하려고 합니다.

암몬 앞에서 입다는 협상가로 놀라운 실력을 드러냅니다. 입다의 논증은 역사적, 신학적, 경험적 측면을 강조하면서, 암몬의 입장이 옳지 않으며, 이스라엘에게 권리가 있음을 강조합니다. 역사적인 측면에서 볼 때 이스라엘은 에돔과 모압을 침공한 것이 아니라 그들이 먼저 공격해서 벌을 받았다고 강조합니다(시혼 왕의 예). 신학적으로 하나님께서 이스라엘에게 상속해 주신 땅이기 때문에 그 땅의 소유는 합당하며 모압은 지난 300년 동안 아무런 문제를 제기하지 않았기 때문에 이제 와서 암몬이 땅에 대한 권리를 주장하는 것은 이치에 맞지 않다는 것입니다. 암몬 왕이 입다의 협상을 거부하면서 협상은 결렬됩니다(28절).

협상이 거부되면서 "하나님의 영"이 임했습니다(29절). 이 언급은 특이합니다. 하나님의 영이 임했기 때문에 이제 군사들을 모아 전쟁터로 나가면 됩니다. 하나님의 영이 임하시고 군사를 모아서 전쟁하면 승리할 것이

예상됩니다. 그런데 갑자기 승리 앞에 입다는 서원합니다. 입다는 하나님의 영이 임하였음에도 불구하고 신앙이 없이 하나님과 협상하려고 합니다. 마치 암몬과 협상했던 입다의 모습입니다. 서원한 입다는 크게 승리합니다. 승리는 하나님의 영이 임하셨기 때문입니까? 아니면 입다의 서원 때문입니까?

입다 이야기는 전쟁보다 서원에 더 많은 관심을 기울입니다. 하나님의 승리와 그분께 드려야 할 찬양은 없고, 입다의 서원에만 초점을 맞춥니다. 입다의 서원은 하나님의 영광을 가립니다. 하나님을 무대 밖으로 쫓아내고 말았습니다.

입다는 전쟁을 앞두고 자신의 모든 것을 걸고서라도 (심지어 딸까지도) 최고가 되고자 했습니다. 하나님의 위대한 승리가 슬픔이 되는 순간입니다. 사람을 제물로 드리는 것은 하나님이 금하시는 일입니다. 과연 입다는 딸을 번제로 드렸을까요? 본문은 논쟁의 여지가 있습니다. 그러나 본문의 관심은 입다가 딸을 제사로 드렸다는 사실보다 입다가 하나님을 이방신을 섬기듯 섬겼음을 알리는 것입니다.

입다는 말로 흥했지만 결국 말로 망했습니다. 서원에 대한 구약성경의 가르침과 비교한다면 입다의 모습은 어떻습니까? 무엇보다 중요한 점은 서원이 하나님을 향한 협상카드가 아니라는 점입니다! 전도서 5:4-5는 서원한 것을 갚기를 더디하지 말라고 강조합니다. 시편 15:4는 서원이 해로울지라도 변하지 말아야 한다고 말씀합니다. 율법에는 서원을 무르는 법도 있습니다(민 30장). 레위기 27:8은 서원한 사람이 가난하여 정한 값을 감당하지 못할 경우 제사장은 그 값을 다시 정하여 서원한 사람의 형편대로 할 수 있도록 규정합니다. 그러나 입다 이야기는 입다가 하나님 앞에서 서원을 갚아야 한다는 것을 강조하는 본문은 아닙니다. 하나님은 이 서원에 전혀 개입하지 않으십니다. 이 서원은 불법입니다.

이 상황에서 에브라임이 시비를 겁니다. 사사기 8장 1-3절에서 기드온이 미디안을 물리칠 때 에브라임의 존재감이 두드러졌습니다. 기드온은 지혜롭게 에브라임을 인정하면서 갈등을 봉합했지만, 이번에는 다릅니다. 암몬과 긴 협상을 시도했던 입다는 에브라임과 어떤 협상도 없이 전쟁부터 합니다. 이 사건은 에브라임이 퇴보하는 계기가 됩니다. 4만 2천명이나 되는 에브라임 사람이 죽었습니다. 지파 사이의 갈등이 드러나고 전쟁으로 발전하는 장면은 사사기 전체에서 어두운 그림자를 드리웁니다. 입다는 6년 동안 이스라엘의 사사였지만, 그동안 이스라엘에게 평화가 있었는지 본문은 말하지 않습니다. 평화 공식 자체가 사라졌습니다.

3. 입다 이후 사사들

입다 이후 사사들을 살펴봅시다. 입산, 엘론, 압돈이 사사가 됩니다. 그들은 이스라엘의 사사가 되었지만 더 이상 이스라엘을 구원하지도 전쟁하지도 않습니다. 아들딸을 수십 명씩 두었고 자기만의 성읍을 가졌으며, 나귀를 타고 성읍을 다니면서 권세를 누립니다. 사사 시대 후반으로 접어들면서 사사 개념이 상당히 왜곡되었음을 알 수 있습니다. 그들은 더 이상 하나님의 부르심에 집중하지 않으며, 왕처럼 권세를 누리며 자기 가문의 권력을 세습합니다. 말로는 하나님이 판단하시기 구하지만, 정작 자기 소견에 옳은 대로 행하며, 여호와 신앙마저도 이방 종교와 다름없는 것으로 전락시킵니다.

질문

1. 사사들은 권력을 세습하고 부요하게 살았습니다. 그들은 자신의 권력과 부를 유지하는 일에 관심이 있었지만, 더 이상 하나님의 부르심에 집중하지 않습니다. 우리를 향한 하나님의 부르심은 무엇입니까? 그 일을 위해서 나는 무엇을 하고 있습니까? 혹시 그 부르심과 상관없이 우리 자신에 집중하며 살아가는 것은 아닐까요?

2. 입다는 서원이라는 방식으로 승리하려고 합니다. 하나님의 영이 임했음에도 불구하고 신앙 없는 모습으로 하나님과 협상하려고 합니다. 입다의 승리는 하나님의 영이 임했기 때문입니까? 우리의 삶을 이끌어 가시는 분은 하나님이십니다. 혹시 우리는 자신의 헌신과 노력으로 승리하려고 하지 않습니까?

3. 사사들은 이스라엘을 구원하지도 전쟁을 하지도 않습니다. 사사 개념이 왜곡되고 있습니다. 그들이 다스리는 동안 이스라엘에 평화가 있었는지 분명하지 않습니다. 하나님의 나라는 샬롬의 나라입니다. 우리는 하나님의 다스림으로 누리는 평화를 누리고 있습니까? 우리 공동체는 샬롬의 공동체입니까? 샬롬의 공동체가 되려면 어떻게 해야 할까요?

ch. 7

삼손

삼손 이야기는 사사기 본론에 등장하는 마지막 이야기입니다. 완전한 모델이었던 옷니엘에서 사사들의 이야기는 점점 내리막을 걸었습니다. 삼손 이야기에 이르러 최저점에 이릅니다. 삼손은 앞의 모든 사사들에 비해 가장 주목을 받으며 등장하지만, 그 시대 이스라엘의 전형적인 모습을 가장 충실하게 반영합니다. 삼손은 지극히 개인적이며, 자기 눈에 옳은 대로만 행동하는 사람입니다. 이스라엘은 국가적 관심에서 지파 이기주의로, 더 나아가 가족 중심주의로 점점 타락의 길을 걷습니다. 이스라엘을 대표하는 사사마저도 자신만을 위해 살아가는 모습을 보입니다.

사사기에 등장하는 전형적인 패턴은 삼손 이야기에서 거의 나타나지 않습니다. 백성들은 더 이상 구원을 위해 부르짖지 않으며, 하나님께서 구원하신 이야기도, 사사의 구원으로 주어지는 평화도 나타나지 않습니다. 이스라엘은 고통을 당하지만 더 이상 부르짖을 마음조차도 가지지 않습니다. 충격적입니다. 그들은 블레셋의 통치를 당연한 것으로 받아들이고 삼손의 돌출행동을 귀찮게만 여깁니다(15:11).

삼손 이야기는 크게 세 단위로 나뉩니다.

삼손의 출생(13:1-25)

사사 삼손(14:1-15:20)

삼손의 죽음(16:1-31)

1. 삼손의 출생 13:1-25

삼손 이야기는 출생 이야기로 시작합니다. 이 이야기는 하나님께서 구원하신다는 표현을 구체적으로 하지 않습니다. 특별히 삼손의 출생이 강조됩니다. 그는 나실인으로 태어납니다. 포도주, 포도 소산이 금지되고, 독주, 즉 발효된 술도 금지되었습니다. 머리에 삭도를 대는 것도 금지되었습니다. 삼손은 태어나면서부터 나실인이었기 때문에 평생 머리카락을 길렀을 가능성도 있습니다. 하지만 나실인의 규례를 어겼을 때 머리를 자르고 다시 머리를 길렀을 가능성도 있습니다. 사사기 13장 2-10절에서 주요 인물은 삼손의 어머니입니다. 이름을 알려주지 않습니다. 이야기는 그녀가 임신하지 못하는 것에만 강조합니다. 2-3절에서 출산하지 못한다는 말을 세 번이나 반복합니다.

하나님의 사자는 마노아가 아닌 이름도 없는 마노아의 아내를 만나서 삼손의 출생에 대해서 알립니다. 이야기 중심인 8절에서 마노아가 자신에게 말씀해 주실 것을 기도하지만, 마노아는 이 이야기에서 주변인에 불과합니다. 하나님의 사자는 여인에게 나타나고, 사명을 주고, 아이에 대한 명령을 합니다. 그런데 하나님의 사자가 여인에게 한 말과 마노아에게 한 말은 차이가 있습니다.

하나님의 사자가 여인에게	여인이 마노아에게
포도주와 독주를 마시지 말며 어떤 부정한 것도 먹지 말지니라	임신하여 아들을 낳으리니 이제 포도주와 독주를 마시지 말며 어떤 부정한 것도 먹지 말라
임신하여 아들을 낳으리니 그의 머리 위에 삭도를 대지 말라	
이 아이는 태에서 나옴으로부터 하나님께 바쳐진 나실인이 됨이라	이 아이는 태에서부터 그가 죽는 날까지 하나님께 바쳐진 나실인이 됨이라
그가 블레셋 사람의 손에서 이스라엘을 구원하기 시작하리라	

마노아의 아내는 남편에게 하나님의 사자가 전한 말씀을 정확하게 전달하지 않았습니다. 어떤 내용이 추가되고 빠졌는지, 또 왜곡되었는지 살펴보는 것은 이 이야기의 강조점을 이해하는 데 도움이 됩니다. 두 이야기의 강조점이 다릅니다. 하나님의 사자는 태어날 아이에 대해 관심을 가지고 명령을 하지만, 마노아의 아내는 마노아에게 자기 일을 더 관심있게 말합니다. 결과적으로 태어날 아이에 대한 말씀이 왜곡될 수밖에 없습니다.

머리에 삭도를 대지 말라는 중요한 메시지가 반복되지 않습니다. 나실인과 관련된 말에서 "태에서 나옴으로부터"라는 표현에 "그가 죽는 날까지"라는 부정적인 이미지를 전달합니다. 마지막으로 태어날 아이의 사명이 중요한 내용이지만, 여인은 그 사명에 대해 전혀 언급하지 않습니다. 하나님의 사자가 말한 마지막 이야기도 주목할 만합니다. 태어날 아이는 블레셋 사람의 손에서 이스라엘을 구원하기 시작할 것이라고 말합니다. 구원을 완성하지 못한다는 의미가 전달됩니다.

메시지가 분명하지 않았던 마노아는 하나님의 사자가 직접 다시 말씀해주시기 간구합니다. 하나님의 사자가 다시 등장하지만, 여전히 마노아가 아닌 그의 아내를 찾아옵니다. 급하게 마노아가 하나님의 사자를 찾아가서 계시의 말씀을 묻자, 하나님의 사자는 "그 여인에게 이미 다 말했어"라고만 말씀할 뿐이었습니다. 마노아는 남편이고 가정의 리더이지만, 영적으로 어두운 상태에 있음이 분명합니다. 21절에서 마노아는 하나님의 사자를 만났기 때문에 죽을 것이라고 말합니다. 이 또한 아내보다 영적으로 어두움이 두드러지는 대목입니다(16, 21-22절). 마노아가 그 남자의 이름을 물었을 때도 하나님의 사자는 이름을 계시해주지 않습니다.[1] 영적인 어두움이 분명히 드러납니다.

2. 사사 삼손 14:1-15:31

삼손의 성장 과정에 대해서 본문은 관심이 없습니다. 단지 사사로서 시

---

[1] 삼 13:18에서 "내 이름은 기묘자라"고 번역한 것은 오해의 소지가 있다. "기묘"는 말해도 모른다는 의미이다.

작하는 사건으로 빠르게 진행합니다. 삼손의 삶을 결정짓는 첫 사건은 결혼입니다. 삼손은 눈에 보이는 대로 행동하는 인물입니다. 블레셋 땅에서 한 여인을 보고 자기 눈에 옳은 대로("자기 소견에 옳은 대로"), 그 여인과 결혼하겠다고 부모님을 조릅니다("그 여자를 나를 위해 취하소서. 내 눈에 옳기 때문입니다"). 삼손은 의도적으로 자기 눈에 좋다는 표현을 사용함으로 삼손 이야기는 사사기 후반부의 중심 주제에 연결됩니다. 사사기 결론은 백성들이 자기 소견에 옳은 대로 행하는 시대라고 말합니다(17:6; 18:1; 19:1; 21:25).

삼손은 자기 소견에 좋은 대로 행하는 사람이었으나, 하나님께서는 그를 통해 일하시려는 계획을 여전히 가지십니다. 하나님은 마음대로 불법적인 결혼을 하려는 삼손을 통해서 일하시려는 의도를 드러내십니다 (14:4).[2] 삼손의 부모는 이 결혼을 반대하지만, 마음대로 하는 삼손의 의지를 꺾지 못합니다. 그러나 과연 삼손의 부모는 삼손에게 주어졌던 나실인으로서 지켜야 할 규례와 하나님의 사명에 대해서 얼마나 정확히 알고 있었으며, 그것을 삼손에게 어떻게 가르쳤을까요? 13장에 나타나는 부모의 모습을 볼 때, 근본적으로 회의가 들 수밖에 없습니다.

삼손의 영적 쇠퇴는 14장 전체를 지배합니다. 나실인 규례가 있었지만 삼손에게 나실인 규례는 전혀 고려할 대상이 아니었습니다. 그는 나실인임에도 포도원을 거리낌 없이 지나다닙니다. 포도원 앞에서 사자를 만나

---

2 삼손이 본문의 주어이지만, 문법적으로 "하나님"이 주어이다.

는 일은 특이한 일입니다. 삼손은 사자를 맨손으로 찢어 죽입니다. 삼손을 죽인 후 다시 딤나로 내려가다가 다시 돌아가 사자의 시체를 보러 갑니다. 그 시체에서 꿀을 떠서 블레셋 여인과 이야기하며 웃고 떠듭니다. 하지만 이 모든 사실을 부모에게는 알리지 않습니다. 삼손은 부모에게 꿀을 시체 가운데서 가져왔다고 말하지 않고 꿀만 주었기 때문에, 자기 부모를 율법적으로 부정에 처해지도록 만듭니다.

블레셋 여인과 결혼식까지 하게 된 삼손은 그 결혼식장에서 더 큰 문제를 일으킵니다. 사자의 몸에서 취한 꿀로 나실인의 규례를 어겼을 뿐만 아니라 그것을 수수께끼 소재로 사용하면서 하나님의 사명을 술 파티에 사용하는 놀이감으로 전락시켰습니다. 결국 블레셋 사람들은 삼손과의 자존심 대결에서 이기기 위해 삼손의 아내를 굴복시키고, 삼손은 여인의 목소리를 듣고 진실을 알리고 맙니다. 실제로 삼손의 아내는 두 가지 정체성을 가진 여인입니다. 삼손의 아내이기도 하지만, 블레셋 여인이었습니다. 그녀는 선택의 여지가 없었을 것입니다. 답을 알려주지 않으면 블레셋 사람들이 태워 죽일 것이라고 협박했기 때문입니다. 아이러니하게도 그녀는 같은 민족인 블레셋 사람들에게 불태워 죽임을 당합니다.

삼손의 아슬아슬한 줄다리기는 결국 파국으로 이끌었고, 잔인한 살육으로 이어집니다. 지금은 단순히 게임에서 지는 것이지만, 삼손은 같은 패턴으로 자기 목숨을 내어놓아야 할 것입니다. 사사로서 블레셋과의 첫 싸움은 이렇게 개인적인 복수를 위해서 진행되었습니다. 그는 육체적으로는 누구보다도 강력한 사람이었으나 영적으로는 대단히 무지했음을 증명합니다. 하나님의 나라와 사명은 안중에도 없는 삼손임에도 불구하고 하나님께서는 당신의 계획을 이루어 가십니다. 하나님의 섭리와 행하심은 하나님의 주권과 자유의 영역에 속하는 일입니다.

분노하면서 블레셋 아내를 떠났던 삼손은 시간이 지난 후 다시 아내를 만나러 갔지만, 그 아내는 벌써 다른 사람의 아내가 되어 있었습니다. 물론 삼손이 아내를 다시 만나러 간 것은 "사랑"보다는 육체적인 욕망을 해결하기 위해서였습니다. 본문은 의도적으로 성적인 뉘앙스를 전달하는 중의적인 용어를 사용합니다. 삼손의 삶에서 사랑이라는 표현은 오직 들릴라에게만 사용된다는 것에 주목할 필요가 있습니다.

그러나 원래 아무 말도 없이 떠나버렸기 때문에 장인은 결혼이 파국에 이른 줄 알고 이미 다른 남자와 결혼하게 한 이후였습니다. 장인은 다른 딸을 삼손에게 주겠다고 말하지만, 이 사건으로 삼손은 블레셋과 전쟁을 시작합니다(15:3). 복수는 또 다른 복수를 낳고 싸움은 더 크게 번져갑니다. 먼저 여우 300마리를 묶어 밭을 불태우자 블레셋 사람들은 삼손의 처갓집을 불사릅니다. 소식을 들은 삼손은 본격적으로 블레셋과 전쟁에 돌입합니다. 블레셋 사람들을 아주 잔혹하게 죽입니다(8절). 그 이후에 삼손은 에담 바위틈에 숨고 거기에 머무릅니다.

이 소식을 들은 블레셋 사람들은 군사를 이끌고 유다 지파를 찾아옵니다. 이에 유다 지파는 3,000명이나 되는 군사들을 모아서 삼손을 붙잡아 블레셋에게 넘겨줍니다. 사사기 1장에서 눈에 띄었던 유다 지파의 모습은 완전히 사라진 듯합니다. 공개적으로 군사들을 모아서 사사를 위해서가 아니라 대적들을 위해서 행동합니다. 유다 지파는 직접 삼손을 결박하여 블레셋 사람들에게 넘겨줍니다. 3,000명이나 모였다면 삼손과 협력해서 블레셋을 몰아내야 하는데, 협력하는 모습도 하나님의 구원도 지파 간의 결속도 모두 사라졌으며, 저항보다는 순응을 선택하는 유다 지파는 안타까운 모습입니다.

그러나 여호와의 영이 임하고 삼손은 나귀 새 턱뼈를 가지고 승리를 거둡니다. 나귀 턱뼈로 무기를 삼는 모습은 시체와 관련된 나실인 규례에 관심을 가지지 않는 모습을 보여줍니다. 하나님께서 새 힘을 주셨음에도 불구하고 승리 끝에 그는 "내가" 이겼다고 선언합니다(15:16). 정작 탈진과 극심한 갈증으로 고통받을 때가 되어서야 하나님을 찾습니다. 15장 마지막에서 삼손이 20년 동안 사사로 있었다고 말합니다. 이스라엘의 불행입니다. 삼손이 20년 동안 사사로 있었지만 이스라엘은 여전히 압제 가운데 있었고 사사로 부름 받은 삼손은 자기 소견에 옳은 대로 행동하고 있을 뿐이기 때문입니다.

3. 삼손의 죽음 16:1-31

정신을 차리지 못한 삼손은 다시 "창녀"를 "보고" 들어갑니다. 너무나 분명한 타락의 모습입니다. 이것은 삼손의 특징이기도 합니다. 게다가 적군의 깊숙한 지역, 가사까지 내려갑니다. 삼손은 밤새 성적인 욕망에 탐닉하다가 나오면서 가사의 성 문짝을 헤브론에 가져다 둡니다. 가사에서 헤브론까지 거리는 약 64km나 떨어져 있습니다. 해안가에 있는 가사와 해

발 1,000미터가 넘는 헤브론 사이는 상당한 고도 차이가 있습니다. 의미 없는 힘자랑일 뿐입니다. 아마도 블레셋 군사들이 잠복한 것을 알고 그들을 조롱하는 행위였을 것입니다.

삼손은 또 다른 여인을 만납니다. 이 여인을 처음으로 "사랑"합니다. 유일하게 사랑한 그녀 때문에 죽음에 이르는 것은 아이러니입니다. 삼손의 이름이 "작은 태양"이라는 뜻인데, 정작 작은 태양은 들릴라, 즉 "밤의 여인"을 만납니다. 들릴라는 블레셋 여인일까요? 이름 자체는 이스라엘의 이름에 가깝기 때문에 어쩌면 이스라엘 사람으로 재물 때문에 삼손을 팔아넘겼을 가능성이 있기도 합니다.

블레셋 사람들은 들릴라에게 각 족속별로 은 1,100 세겔을 약속합니다. 다섯 방백이 1,100세겔을 내겠다는 것입니다. 삼손의 목숨값은 천문학적입니다. 당시 일반 노동자 연봉이 약 은 10세겔 정도였습니다. 들릴라가 알아내야 하는 것은 그 힘의 근원과 힘을 없애는 방법입니다. 그녀는 끈질기게 묻습니다. 삼손은 끈질긴 질문에 불편한 기색이 없습니다. 오히려 여인의 앙탈과 삐침을 더 즐기는 것 같습니다. 그러나 삼손의 위험한 놀이는 부지불식간 더 진실에 접근합니다.

들릴라는 드디어 그 힘의 원천을 알아냈습니다. 삼손은 이 과정에서 계속 나실인 규례를 어깁니다. 새 힘줄은 동물 시체에서 나온 것입니다. 하나님이 주신 힘으로 장난을 치던 삼손은 영적인 어두움에 빠져가고 결국 육신적 어두움을 경험하게 됩니다. 들릴라가 머리카락을 잘라내자 그 힘은 사라졌습니다. 힘의 원천은 하나님의 영의 함께하심에 있었는데, 머리카락을 자르고 하나님의 영이 떠나셨기 때문에 힘이 사라졌습니다. 단순하게 머리카락이 힘의 원천이라고 단정하는 것은 위험합니다(13:25; 14:6; 15:14; 16:20). 하나님의 규례를 계속 어겨가면서 삼손이 머리카락만 붙들고 있었던 것은 어떤 이유일까요? 머리카락을 밀어 버린다는 것은 삼손에게 주어진 모든 규례를 완전히 어겼음을 상징하는 말일 것입니다.

삼손은 마지막 순간에 블레셋 다곤 신전에서 맷돌을 갈면서 재주를 부리며 보냈습니다. 절망 속에 있을 때 그는 다시 하나님께 "기도"합니다. 삼손은 이 기도에서도 "내 두 눈을 뺀 블레셋 사람에게 원수를 갚게 하소서"라고 간구하였습니다. 자기 눈에 좋은 대로만 살아갔던 삼손의 눈이 뽑힌 사실은 또한 시사하는 바가 큽니다. 얼마 전에 자신이 내려가서 힘 자랑하며 모욕했던 가사까지 끌려가서 종살이를 시작했습니다. 마지막 순간까지 그는 자기 자신에게만 관심이 있었습니다.

삼손 이야기에서는 총 두 번에 걸쳐서 삼손의 부르짖음을 소개합니다. 엔학고레의 부르짖음과 마지막 순간의 부르짖음입니다. 개인적인 부르짖음이지만, 하나님께 절대 부르짖지 않았던 이스라엘의 모습과 분명 대조됩니다. 철저하게 자신만을 위해 살았던 사람, 정결하지도 영적이지도 못했던 삼손을 들어서 당신의 뜻을 이루어 가시는 하나님이십니다(삿 14:4). 그는 다곤 신전을 무너뜨리고는 3,000명이나 되는 블레셋 사람들을 죽게 만들었습니다. 심지어 그가 살았을 때 죽인 사람보다 죽는 그 순간에 죽인 사람이 더 많았다고 말합니다.

삼손의 위대한 죽음을 말하는 내용은 아닙니다. 삼손은 평생 나실인으로 살았으나 정작 살아 있는 동안 사사로서 행한 것에 대한 부정적인 평가가 담겨 있습니다. 만일 그가 하나님 앞에 준비된 일꾼이었다면 얼마나 큰 일을 하였겠습니까! 형제와 아버지 온 집이 내려가서 그의 시체를 수습하여 아버지 마노아의 장지에 장사하였습니다. 삼손은 죽을 때까지 20년 동안 사사로 있었습니다. 그러나 삼손은 죽음의 순간까지 사사 역할을 제대로 하지 않았으며, 백성들은 구원받지 못하고 여전히 삼손이 사사였던 20년 내내 고통을 받으면서 살았습니다.

질문

1. 삼손은 나실인 규례를 제대로 지키지 않습니다. 마노아와 아내는 하나님께서 말씀하신 나실인 규례와 삼손의 사명을 제대로 언급하지 않습니다. 하나님의 부르심과 하나님의 백성으로서 거룩함을 유지해야 하는 일에 너무나 소홀한 모습을 보입니다. 우리는 하나님의 부르심을 어떻게 이해하고 있습니까? 거룩한 하나님의 백성으로서 나의 삶은 어떠합니까?

2. 삼손은 자기가 원하는 대로 행하는 사람이었지만, 하나님은 그를 통해 여전히 일하십니다. 하나님은 우리의 부족한 모습을 통해서도 여전히 일하십니다. 하나님의 일하심을 통해서 우리가 생각해 볼 수 있는 점은 무엇일까요? 우리의 부족함에 머물러 있어도 될까요? 우리의 부족함을 생각해 보고 거기에 머무르지 않기 위해서 어떻게 해야 할지 생각해 봅시다.

3. 삼손은 강력한 누구보다도 강력한 사람이었지만, 영적으로는 무지한 사람이었습니다. 하나님의 나라와 사명은 중요하지 않은 사람이었습니다. 그런 삼손이 마지막 순간에 부르짖습니다. 마치 이스라엘의 모습과 비슷합니다. 하나님은 정결하지도 않고 영적이지도 않은 이 사람의 부르짖음을 들으십니다. 삼손이 경건하고 영적인 사람으로

하나님의 뜻을 위해서 살아갔다면 그의 인생은 다른 결론이었을 것입니다. 우리 인생의 결론이 하나님의 나라를 위해서 아름답게 되려면 어떻게 해야 할까요? 오늘 우리의 삶은 어떤 삶이어야 할까요? 나누어 봅시다.

사사기 결론 1
종교적 타락

삼손을 끝으로 사사에 대한 이야기는 끝이 납니다. 사사기 패턴도 더 이상 등장하지 않습니다. 이제부터 사사기 전체 결론부로 사사 시대의 심판과 고통의 원인에 대한 결론의 내용입니다. 하나님이 아닌 자기 마음에 합당한 대로만 사는 삶, 즉 하나님의 이름은 부르나 실상은 하나님 없는 삶을 소개합니다. 사사기 서론이 역사적, 종교적 서론으로 나뉘었던 것처럼, 사사기 결론도 크게 둘로 나눌 수 있습니다. 사사기 전체 구조에서 서론과 결론은 대칭이 됩니다.

역사적 서론(전쟁)	**1:1-2:5**
신학적 서론	**2:6-3:6**
사사 이야기	**3:7-16:31**

| 종교적 타락 | 17:1-18:31 |
| 도덕적 타락(전쟁) | 19:1-21:25 |

첫 서론에서 소개된 이스라엘의 가나안 정복 전쟁이 처절한 실패로 마감되었다고 한다면 마지막 결론에 소개된 이스라엘의 지파 간 전쟁은 그 참담함을 더합니다. 이스라엘은 더 이상 이방인들과 싸우지 않고, 형제들과 싸움을 선택했으며, 가나안과 타협하던 그들은 형제들을 잔혹하고 철저하게 응징합니다. 그것도 하나님의 이름으로 진멸합니다. 두 번째 서론에서 언급했던 하나님을 향한 범죄의 반복은 첫 번째 결론인 17-18장에서 종교적 타락이 개인과 가정, 종교 제도와 지파 공동체에 이르기까지 전방위적으로 일어났음을 보여줍니다.

두 결론의 배경도 서로 연결됩니다. 첫 결론은 유다 베들레헴에 있는 유대인이 에브라임 산지에 있는 미가에게 가서 일어난 에피소드라면, 두 번째 결론은 반대로 에브라임 산지 레위인이 유다 베들레헴 첩의 집에 가서 일어난 에피소드를 다룹니다.

첫 번째 결론	두 번째 결론
유다 베들레헴의 레위인 ❯ 에브라임 산지의 미가	에브라임 산지의 레위인 ❯ 유다 베들레헴의 첩

이스라엘의 종교적 타락 17:1-18:31

가장 먼저 등장하는 이야기는 에브라임 산지에 있는 미가 집안 이야기입니다. 미가의 어머니는 은 1,100을 잃어버리고 훔쳐 간 이를 저주하자, 아들인 미가가 자기 소행이라고 고백하면서 이야기가 시작됩니다. 미가는 겁이 나서 자신이 범인임을 고백하자 어머니는 책망하기는커녕 오히려 하나님께서 아들에게 복 주시기를 간구합니다. 그리고 되돌려 받은 은 1,100 중에서 200으로 신상을 만듭니다. 도둑질에 사용되었던 은을 스스로 거룩하게 구별한다는 것은 허락할 수 없는 일입니다. 미가 집에 신당이 있었고 신당을 만들었지만, 제사장이 없었습니다.

18장 31절은 하나님의 집이 실로에 있었다고 말합니다. 미가의 집에 신당을 세운 것 자체가 대단히 부적절한 것임을 보여줍니다. 미가는 자기 아들 중 하나를 세워 집안의 제사장으로 임명했습니다. 하나님의 이름으로 축복과 저주가 주어지지만, 오히려 하나님의 이름으로 모든 형태의 불신앙과 미신, 물질 숭배와 불법적 종교 의식으로 가득한 집안입니다. 하나님에 대해서 들었지만 무엇이 올바른 것인지 알지 못합니다. 미가 집안에서 일어났던 이 간단한 이야기를 통해 사사기 결론이 분명히 드러납니다. "그 때에 이스라엘에 왕이 없었으므로 사람마다 자기 소견에 옳은 대로 행하였더라"(6절).

그들의 삶은 하나님의 말씀에서 멀어져 있지만, 그들의 종교적 열심은 뛰어납니다. 심지어 집 안에 제사장까지 두고 있으니 말입니다. 하지만 정작 제사장으로 세우기에는 아쉬움이 많습니다. 집 안에 있는 아들 중 하나를 세웠기 때문입니다. 그러나 어느 날 유다 베들레헴에서 떠돌이로 살아가던 레위인이 미가의 집안에 들어왔습니다. 사실 미가가 던질 질문은 "어디에서 왔느냐?"입니다. 레위인은 길고 복잡하게 대답합니다. 가장 강조해서 대답한 것은 자신이 "레위인"이라는 것입니다.

어색한 말입니다. 유다 베들레헴은 레위인이 거주하는 성읍이 아닙니다. 게다가 레위인이 먹을 것을 찾아 떠돌아다닌다는 것 자체는 당시 이스라엘 제사 제도가 무너져 가고 있음을 반증합니다. 레위인도 문제지만, 언약 백성들이 언약적으로 순종하지 않는 삶이 두드러졌음도 문제입니다. 미가와 레위인의 만남이 이어지는데, 아무것도 가지지 못한 떠돌이 신세였지만, 그는 자신이 "레위인"임을 강조합니다. 미가는 레위인에게 상당히 좋은 제안을 합니다. 매년 은 10, 의복 한 벌, 그리고 먹을 것을 공급하는 것을 조건으로 레위인은 미가의 집에 머물면서 미가 집안을 위한 제사장 역할을 합니다. 개인 가정을 위해 제사장 노릇을 하는 레위인이나, 집안에 에봇까지 갖추고 종교적인 행위를 하던 미가의 집안이나 모두 자기 소견에 옳은 대로 행하는 사사 시대의 전형적인 모습입니다.

그렇다면 이스라엘 지파는 어땠을까요? 사사기 18장 사건은 사사 시대의 비교적 이른 시기에 일어난 일로 볼 수 있는데, 단 지파는 기업을 분배받지 못했습니다. 사실 분배받지 못한 것이 아니라 정복 전쟁에 실패했기 때문입니다(삿 1:34-36). 새로운 땅이 필요했던 단 지파는 다섯 명의 정탐꾼을 보냅니다. 정탐꾼은 북쪽으로 정탐하러 가다가 우연히 미가의 집에서 제사장 노릇을 하는 레위인을 만납니다. 레위인은 자신에 대한 정보를 말하지 않습니다. 자신의 현재 직책에 초점을 맞춰서 소개합니다. 전형적인 삿군의 모습입니다. 그들은 제사장의 말을 듣고 어디 출신인지 물어본 것은 아마도 지역색을 가진 억양을 들었을 가능성 때문입니다.

정탐꾼들은 레위인에게 하나님께서 자신들의 길을 형통하게 하실지 물어보았습니다. 정말 하나님의 뜻이 궁금했을까요? 그들은 이미 하나님의 뜻을 저버리고 정복 전쟁에서 실패에 실패를 거듭하는 상황이었습니다. 어쩌면 자신들의 길에 대해서 하나님의 뜻을 묻기 보다는 제사장으로부터 "평안과 형통"의 복음을 듣고 싶었던 것일지도 모릅니다. 삿군 제사장은 정확하게 단 지파의 정탐꾼들이 듣기 원했던 바로 그 메시지를 전합니다.

이 메시지를 듣고 단 지파의 정탐꾼들은 북방으로 올라가서 라이스라는 곳을 발견합니다. 그곳은 땅이 평안하고 부족한 것이 없으며, 주위의 강력한 족속들에게서 멀리 떨어져 어려움 없이 정복할 수 있다고 판단합니다. 단 지파에 내려온 정탐꾼들은 "하나님"이 그 땅을 우리에게 주셨으니 그 땅 얻는 일에 게으르지 말라고 권합니다. 마치 처음 정복 전쟁을 할 때 서로에게 했을 이야기를 처음 정복 때는 하지 못하고 이제 불법적인 정복 전쟁을 하나님의 이름을 정당화시킵니다. 정탐꾼들은 600명의 군사들을 이끌고 다시 북방으로 올라가 미가의 집에 이릅니다. 600명의 군사가 집 앞에 진을 치고 5명의 정탐꾼은 그 집으로 들어가 신상, 에봇과 드라빔을 탈취합니다. 미가 집 제사장에게 단 지파 제사장이 되라고 권합니다. 뜻밖에 더 나은 제안을 받은 제사장은 기쁜 마음으로 오히려 자신이 앞장서서 드라빔과 에봇을 챙겨서 나옵니다. 이 사람은 놀랍게도 모세의 손자인 요나단이었습니다(18:30). 뒤늦게 미가가 상황을 파악하고 동네 사람들을 모아서 달려왔지만 600명의 폭력을 당해낼 수 없습니다(25절).

제사장까지 영입한 단 지파는 라이스에 이르러 "한가하고 걱정 없이 사는 백성들을 칼날로 치고 성읍을 불사르고" 그 성읍을 탈취합니다. 그곳에 올라가서는 그 곳 이름을 "단"이라고 지었습니다. 레위인은 그곳에 새긴 신상을 세웠고 단 지파의 제사장이 되었습니다. 정작 하나님의 집은 실로에 있는데, 제사장은 미가의 신상을 단에 세우고 제사를 드립니다. 아마 이 전통은 여로보암이 단에 제단을 쌓은 것과 상당히 관련이 있을 것입니다. 모세의 손자 요나단의 이 악한 행위는 오고 오는 세대에 이스라엘의 올무가 되게 만듭니다. 모두가 하나님의 이름으로 행하고 있지만, 오직 자기 자신만을 생각하는 사람입니다. 제사장은 개인 집에는 물론이요, 한 지파에도 소속되지 않는 사람입니다. 그는 단지 자신을 사회적 명예와 재물에 팔아넘기고 있을 뿐입니다. 대단히 종교적인 모습을 띠고 철저하게 종교적인 언어로 포장하고 있지만 그 어디에도 하나님은 보이지 않습니다. 이것이 사사 시대의 현실입니다.

질문

1. 단 지파의 정탐꾼들은 레위인에게 자신들의 길을 형통하게 하실지 물어봅니다. 그들은 하나님의 뜻이 궁금한 것이 아닙니다. 하나님이 기업으로 주신 땅을 버리고 새로운, 정복하기 쉬운 땅으로 정탐을 가는 길이었습니다. 제사장으로부터 "평안과 형통"의 복음을 듣고 싶었을 것입니다. 제사장은 그들이 듣고 싶은 그 메시지를 전합니다. 우리에게 하나님의 뜻과 그분의 말씀은 불편한가요? 아니면 형통과 평안을 보장하는 듣기 좋은 말인가요? 당신은 하나님의 뜻을 어떻게 발견하고 있습니까?

2. 정탐꾼들은 불법적인 일을 하면서 하나님의 이름으로 정당화합니다. 정탐한 그 땅을 하나님께서 주셨으니 게으르지 말고 그 땅을 차지해야 한다고 설득합니다. 처음 땅에 정복을 명령한 하나님의 뜻을 버리고 자기 입맛에 맞는 하나님의 뜻을 찾고 하나님의 이름으로 정당화합니다. 우리는 혹시 하나님의 말씀을 우리 마음대로 바꾸어 버리고 있지는 않나요? 최근 내가 깨닫는 하나님의 뜻은 어떤 것이 있을까요?

3. 모세의 손자 요나단은 단에 신상을 세웠고 단 지파의 제사장이 되었습니다. 이 사건은 역사적으로 이스라엘의 올무가 됩니다. 하나님의 이름으로 행하지만, 자신만을 생각하는 사람입니다. 그는 자신의 명예와 물질만이 중요합니다. 종교적인 언어로 포장하지만 하나님을 볼 수 없습니다. 우리는 혹시 교회 안에서 우리의 명예에 몰두하고 있지는 않을까요? 정말 하나님의 뜻이 나의 뜻보다 중요한가요?

사사기 결론 2

도덕적 타락

사사기 마지막 장면은 다시 처음으로 돌아갑니다. 미가의 집에서 시작된 종교적인 부패상과 함께 맞물려서 백성들의 도덕적인 부패가 얼마나 심각한 수준이었는지 폭로합니다. 물론 그 부패의 원인은 본 단락의 시작과 끝에 분명히 나타나있습니다.

전체 이야기는 다음과 같이 구성됩니다.

19장 기브아 사람들의 죄악(강간)

20장 베냐민 지파와의 전투(헤렘)

21:1-5 베냐민을 향한 심판

21:6-14 야베스 길르앗과 전투(헤렘)

21:15-25 실로의 딸들을 향한 죄악(강간)

이 두 번째 결론에 등장하는 사람 중에 20장 28절에 유일하게 비느하스만 이름이 알려져 있습니다. 첫 결론에서는 다양한 이름이 나오지만, 이 부분에서는 의도적으로 사람들의 이름을 알려주지 않습니다. 모든 사람에게 이 문제가 해당한다는 것을 강조하는 일반화입니다. 첫 결론과 관련해서 지역적 배경이 겹치고, 그 중심인물이 타락한 레위인이라는 점도 주목할 필요가 있습니다.

1. 이스라엘의 도덕적 타락 19:1-21:25

유다 산지에 있던 레위인이 첩을 취한 이야기로 시작합니다. 어떤 이유인지 모르겠지만 그 첩은 크게 분노하고 친정집으로 돌아갑니다. 한글 성경은 행음했다고 말하면서 여성에게 책임을 돌리지만, 본문은 오히려 레위인의 어떤 행동이 여인을 크게 화나게 한 것으로 볼 수 있습니다. 만일 첩이 행음했을 경우 율법에 따라 일반인보다 더 중한 벌을 받아야 마땅합니다(레 21:9; 신 22:22). 하지만 레위인이 첩을 데려와서 다른 말 없이 첩을 데려가는 모습은 행음이 아니라 다툼이 원인이었음을 알 수 있게 합니다. 레위인인 무려 4개월 만에 첩을 데리러 옵니다. 만일 그가 잘못해서 첩이 친정으로 갔다면 4개월은 너무 긴 기간입니다. 첩을 살뜰하게 챙기는 사람은 아닌 듯합니다. 10절을 보면 장인의 집을 떠나 예루살렘으로 향할 때 "나귀 두 마리와 첩"이 함께 했다고 말합니다. 어순에 주목할 필요가 있습니다. 기브아에서 자기 자신의 안위를 더 생각하는 모습을 보여줍니다.

레위인은 장인과 며칠 동안 술판을 벌이고 결국 늦게 집을 나섭니다. 결국 하룻밤 쉬어 가야 했던 레위인은 가까운 여부스보다 이스라엘 족속의 땅 기브아에서 머무르려고 합니다. 베들레헴에서 에브라임까지는 약 48km 정도 되는데 여부스(예루살렘)을 지나 기브아와 라마에 이르는 것을 목표로 했습니다. 하지만 여부스를 지나 한 시간 거리인 기브아에 이르렀을 때 해가 져서 유숙하게 됩니다. 레위인이 여부스가 아닌 기브아에 머물게 된 것은 그 땅이 이스라엘에게 속한 땅이기 때문입니다. 그런데 그곳에서 매우 뜻밖의 일을 당했습니다. 사사기 19장 이야기는 창세기 19장 소돔성 이야기와 매우 깊은 관련이 있습니다.

레위인은 유숙할 곳을 구했지만 아무도 영접하는 사람이 없었습니다. 한 노인이 환대하지만, 정작 그는 기브아 사람이 아니라 에브라임 사람으로 이곳에 거주하는 사람이었습니다. 동향 사람이었기 때문에 레위인을 불러 집에 유숙하게 한 것입니다. 노인은 레위인에게 어디에서 어디로 가는지 물었습니다. 정작 레위인은 자기 목적지가 "여호와의 집"이라고 말합니다. 거짓말입니다. 자기 직분, 즉 자기 지위를 더 강조하고 싶은, 실은 잘난체하는 마음입니다.

그날 밤 기브아의 불량배들이 문을 에워싸고 레위인을 불러내 동성애를 하려 합니다. 그러자 노인은 자기 딸과 레위인의 첩을 내어 줍니다. 노인이 말한 내용은 사뭇 놀랍습니다. 집에 들어온 남자 손님의 명예를 대단히 중요하게 여기지만, 여자의 명예는 전혀 관심을 가지지 않습니다. 그는 "내 딸과 첩이 있는데 그들은 능욕하고 그들에게 너희 눈에 좋은 대로 행하라"라고 말합니다. 여자들을 단순히 도구로만 생각합니다.

정작 레위인의 첩이 끌려 나갑니다. 그 첩의 손목을 붙잡고 강제로 끌어 낸 사람은 다름아닌 레위인이었습니다(25절). 첩은 "강제로" 끌려 나갔으며, 밤새 성읍 사람들에게 능욕을 당한 후 버림받았습니다. 그러나 레위인은 아무 일도 없었다는 듯 잠을 청하고 아침 일찍 길을 떠날 준비를 합니다(27-38절). 이 사건은 결국 첩의 죽음으로 마무리됩니다. 이 죽음의 책임은 철저하게 그 동네 사람들 모두에게 있습니다(신 22:24).

여기에서 중요한 질문을 할 수 있습니다. 도대체 첩은 누가 죽였습니까? 28-29절을 보면 아침에 집을 떠나려던 레위인은 쓰러져 있는 첩에게 떠나자고 하지만, 첩이 대답이 없었다고 합니다. 그녀가 그 순간 죽은 것은 아닙니다. 본문은 첩이 언제, 어디에서 죽었는지 명확한 답을 주지 않습니다. 죽음의 책임이 누구에게 있는지 모호합니다. 기브아의 죄악도 크지만 대답 없는 첩을 데리고 가서 열두 토막으로 나누어 최종적으로 그녀의 죽음을 확정한 레위인의 죄악 역시 비난합니다.

집에 돌아온 레위인은 첩의 시체를 열두 조각으로 나누어 이스라엘 모든 지파에게 보냈습니다. 이 사건은 온 이스라엘에게 커다란 충격을 던져 주었습니다. 이것은 삼상 11:7에 근거해서 볼 때, 전쟁 소환의 성격을 가진 행위입니다. 한 개인의 이야기가 지파의 이야기로, 지파의 이야기를 넘어 급기야 이스라엘 민족의 이야기로 바뀌고 있습니다.

레위인이 총회에 불려 갔을 때, 그는 자기를 변호합니다. 물론 기브아 사람이 없었으므로 그들의 목소리는 들을 수 없습니다. 레위인은 그들의 폭

력성을 극단적으로 강조합니다. 레위인에 따르면 기브아 사람들이 자신을 공격해서 죽이려고 했고, 첩을 욕보이고 죽였다고 증언합니다(5절). 자신이 행한 무정한 일들에 대해서는 모두 숨기고 오직 기브아 사람들의 악행만 강조한 셈입니다. 레위인은 지금 기브아에 대한 복수를 원합니다. 첩에 대한 사랑보다는 자기 자존심을 찾고자 하는 행위로 보입니다.

모든 이야기를 들은 이스라엘 총회는 한마음으로 백성들을 모아 베냐민 지파를 칩니다. 가나안 정복 전쟁이 지파 간의 전쟁으로 변질되는 순간입니다. 이스라엘의 거룩한 총회 역시 더 이상 올바른 분별력이 없음을 볼 수 있습니다. 그들은 레위인의 거짓 증거를 듣고 중요한 결정을 하지만, 정작 당사자인 베냐민 지파에게 어떤 변명의 기회도 주지 않고 덜컥 전쟁을 결정해 버립니다. 그들은 전쟁에 앞서 누구도 베냐민 사람과는 결혼 관계를 맺지 않을 것이라고 맹세합니다(21:1). 물론 베냐민 지파의 반응도 문제입니다. 베냐민 사람들 역시 그들 중에 있는 악을 제거하려는 노력을 기울이지 않습니다. 분명 기브아에서 사는 못된 불량배들의 잘못이었는데, 같은 지파라는 이유인지 그들을 보호하기 위해 전쟁을 감수합니다.

전쟁은 세 번에 걸쳐 진행됩니다. 반복된 형태가 나타납니다.

이스라엘의 질문		하나님의 응답	
20:18	누가 베냐민과 싸울까요?	20:18	유다가 먼저 올라가라
20:23	가서 내 형제 베냐민과 싸울까요?	20:23	가서 싸우라
20:28	가서 내 형제 베냐민과 싸울까요? 말까요?	20:28	가서 싸우라 + 이기리라

첫 번째 질문과 하나님의 대답은 명백히 사사기 1장 2절과 연결되지만 상당히 다른 차이점도 포함합니다. 첫째는 싸움 대상이 가나안 족속에서 베냐민 지파로 바뀌어 버렸습니다. 형제의 잘못에 대해 심판자가 되어 마치 가나안 사람 대하듯이 하고 있습니다. 누가 먼저 갈지 물었을 때 여호와 하나님은 사사기 첫 부분에서 유다가 먼저 올라가라고 말씀하십니다. 그러나 20장 18절에서 하나님의 대답은 아주 간결합니다. 동사가 없는 문장으로 단순히 "유다 먼저"라고 말씀하십니다. 1장 2절에서 약속을 주신 것과는 달리, 하나님께서 전쟁을 허락하신 것일까요? 전쟁에서 승리도 약속하지 않으십니다. 하나님의 퉁명스러운 반응을 깨달을 만큼 이스라엘 총회가 영적으로 깨어있었던 것은 아닙니다. 그들은 하나님께 기도하여 하나님의 뜻을 구하지만, 정작 자기 소원을 하나님의 뜻이라 급하게 믿었을 뿐입니다.

1:1-2	20:18
"우리 가운데 누가 먼저 올라가서 가나안 족속과 싸우리이까?"	"우리 중에 누가 먼저 올라가서 베냐민 자손과 싸우리이까?"
"유다가 올라갈지니라. 보라 내가 이 땅을 그의 손에 넘겨주었노라"	"유다 먼저"

첫 두 번의 전쟁에서 이스라엘은 베냐민에게 대패했습니다(26-28절). 먼저 이스라엘 총회가 전쟁에서 두 번이나 패하면서 그들이 먼저 하나님의 심판을 받습니다. 섣불리 판단하여 전쟁을 일으킨 것도 모자라 하나님의 뜻을 제대로 묻지 않은 채 하나님의 이름으로 대단히 영적인 모양새를 취한 이스라엘을 향한 심판을 실행합니다. 마지막 세 번째 싸움에서 이스라엘은 베냐민 지파를 물리칩니다. 그런데 그들의 싸움은 너무 과합니다. 싸움의 양상은 단순히 징계하는 차원이 아니라, 베냐민 지파를 완전히 없애버립니다. 이성을 잃고 베냐민의 모든 것들을 "진멸"합니다. 정복 전쟁 때보다 더 철저하게 가축과 모든 것을 진멸합니다. 가나안에게도 하지 않았던 전쟁을 형제 베냐민에게 행하고 있습니다. 아이러니가 아닐 수 없습니다.

패하여 도망가는 베냐민 지파들을 광야까지 쫓아가서 진멸하고, 짓밟으며, 이삭 줍듯 그들의 목숨을 거두었습니다. 세 번째 전투 양상은 아이성 전투와 작전에 있어서 상당히 유사합니다. 아이성 전투를 염두에 두고 있다면, 지금 이스라엘 총회가 베냐민을 멸하는 이야기가 마치 여호수아가 아이성을 정복하는 것과 같은 맥락에서 이해된다는 뜻입니다. 이스라엘은 하나님의 이름으로, 하나님의 영광과 그의 의를 위해 이런 악행을 행합니다. 완전히 정신을 잃어버린 모습입니다.

정신을 차리고 보니 베냐민 지파가 완전히 사라질 위기에 빠지고 말았음을 깨닫습니다. 하지만 그들은 이미 베냐민 지파와는 결혼하지 않을 것이라고 하나님의 이름으로 맹세하지 않았습니까! 과도한 심판과 분별력 없는 맹세는 곧 역사 속에서 한 지파를 사라지게 만들 위기에 빠뜨립니다. 그들은 큰 소리로 울었고 그 이튿날 이스라엘 총회는 함께 번제와 화목제를 드립니다(3-4절). 사사기 서론에서 이스라엘 총회는 언약적 불순종을 책망하는 여호와의 사자 앞에서 통곡했습니다. 그렇다면 이 통곡은 정말 하나님 앞에서일까요? 아니면 종교적 의식의 일부일까요? 이 통곡은 보김에서 눈물과 제사를 기억하게 합니다. 이번에도 눈물을 흘리고 하나님께 화목제를 드리는 것도 그들의 진정성 있는 회개의 결과가 아니라 종교적 의식의 일부로 행한 것이라고 볼 수 있습니다.

그들은 미스바에서 하나님의 이름을 베냐민과 결혼 관계를 맺지 않을 것이라고 맹세했습니다. 과도한 심판과 분별력 없는 맹세는 역사 속에서 한 지파를 사라지게 만들 위기를 초래했습니다. 번제와 화목제를 드린 이스라엘은 자신들의 잘못을 벗어나기 위해 또 다른 방법을 찾아냈습니다. 그러나 이것은 또 다른 전쟁일 뿐이었습니다(21:9-10). 자신들이 미스바에서 맹세할 때 함께 하지 않았던 야베스 길르앗 사람들을 징벌하기 위해 군사들을 보내 그곳 주민들, 부녀와 어린아이까지 죽입니다. 그리고 그중에서 남자를 가까이하지 않은 처녀 400명을 얻어서 데려옵니다.

이들은 남겨진 600명의 베냐민 군사들에게 주어 베냐민 지파를 구해내기 위함이었습니다. 야베스 길르앗에서 행한 이스라엘 모습을 생각해봅시다. 그들의 악행이 지금 벌하고자 한 기브아 사람들의 행위와 무엇이 다릅니까? 언제부터 그들은 이렇게도 하나님의 이름에 헌신되어 있었습니까? 온 나라가 거룩이라는 옷을 입고 있으나 그 속은 철저하게 사사기가 말하는 인간상 즉 "자기 소견에 옳은 대로" 행하는 사람들의 모습을 충실하게 보여줄 뿐입니다.

그래도 처녀의 숫자는 모자랐습니다. 결국 성소로 예배하러 올라오는 여인들을 보쌈해서 아내로 삼고 지파를 이어가라고 합니다. 실로로 예배하러 오는 여인들까지 훔쳐 가도록 허용합니다. 자기들은 준 적이 없으나 베냐민이 굳이 빼앗아 간다면 징벌하지는 않겠다는 것입니다. 예배하러 가다가 졸지에 가족들과 생이별하고 낯선 사람들과 가족을 이루며 살아야 했을 여인들의 고통과 눈물에 대해 남자들은 관심이 있었을까요? 자신들의 딸임에도 불구하고 여성은 이렇게 짓밟히고 도구화됩니다.

하나님께 맹세한 잘못을 회개하기는커녕 말한 문자 하나하나에 집중하느라 정신을 완전히 잃고 말았습니다. 실제로 여자를 주도록 방조하고 나는 주지 않았다고 말하는 것입니다. 하나님의 이름으로, 율법에 순종한다는 명분으로 행한 모든 악에 대해서도 책임을 벗을 수 없습니다. 명분 때문에 짓밟힌 여성들의 울부짖음이 큽니다. 여성의 권리가 무시되고 짓밟힌 사회가 곧 하나님으로부터 멀리 떠난 사회임을 명시적으로 보여주는 중요한 예입니다. 이스라엘에 왕이 없었기 때문에 사람들은 각기 자기 소견에 옳은 대로 행했습니다. 그러면서도 하나님의 이름과 영광을 위해서 그렇게 행합니다. 코미디처럼 웃기지만, 너무 잔혹하고 슬픈 이야기입니다.

질문

1. 첩을 찾으러 간 레위인은 동성애를 하려는 불량배들에게 자기 첩을 내어줍니다. 레위인을 초대한 노인은 레위인의 명예는 지키지만, 여자의 명예는 전혀 관심을 가지지 않습니다. 여자는 단순히 도구로만 생각합니다. 동성애와 어그러진 성적 욕망을 따라 살아가는 사사 시대의 모습을 보여줍니다. 음행과 살인이 아무렇지도 않게 여겨지는 시대입니다. 오늘날 우리 시대는 어떤 시대일까요? 우리는 그리스도인으로서 이러한 시대에 어떻게 살아가야 할까요?

2. 레위인 첩 이야기를 들은 이스라엘 총회는 백성들을 모아 베냐민 지파를 칩니다. 가나안 정복을 위한 전쟁이 지파 사이의 전쟁으로 변질됩니다. 앞 본문에서 계속해서 지파의 이기주의가 강조되었습니다. 이스라엘 공동체가 아닌 지파만을 중요하게 생각하는 시대가 되었습니다. 오늘날 우리는 하나님의 나라와 교회 공동체를 어떻게 이해하고 있습니까? 교회 공동체 안에서 내가 원하는 사람들만 교제하고 있지는 않습니까?

3. 이스라엘은 과도하게 베냐민 지파와 전쟁을 벌이고 분별력 없는 맹세로 한 지파를 사라지게 만드는 위기에 빠집니다. 그리고는 큰 소리로 울고 번제와 화목제를 드립니다. 이 통곡과 제사는 정말 하나님 앞에서 하는 통곡과 제사일까요? 아니면 종교적 의식의 일부일까요? 우리는 혹시 종교적 행위로 우리 신앙생활을 채우고 있지 않은가요? 함께 나누어 봅시다.